JN293008

伸びる子・できる子の親の日常

いつも子どもは親を見ている

金盛浦子
心理カウンセラー

さくら舎

はじめに──「できる子」と「ぱっとしない子」の違いはなぜ起こる？

「なんだかできそうな子だな」

「伸びそうな子だわ」

子どもたちを見て、みなさんはそんなふうに感じたことはありませんか？

きっとあると思います。

私たちのような仕事や、また学校を含めた塾、習い事などに関わる人なら、もっとはっきりと、「伸びる子」「できる子」を見分けることができるのではないでしょうか。

それは、いま勉強ができる、学校の成績が良いということとは必ずしも結びつきません。もっと内在的にその子どもが持っている「力」を見て、そう判断します。

よく小学校時代は、あまりぱっとした成績ではなかったのに、中学校後半や高校に入ってから見違えるように成績を上げてくる子がいます。

こうした子どもたちは、「伸びる力」を持った子どもたちです。

いったい、子どものどこで「伸びる子」「できる子」の力が見えてくるのでしょうか？


後で詳しく触れますが、子どもは生まれながらに驚くべき能力を持っています。

赤ちゃんは生後12ヵ月で、脳内のシナプス（synapse）は大人の1・5倍になりますし、脳の重さは7～8歳で大人とほぼ同じになります。

こうした数字をあげてもピンと来ないかもしれませんが、赤ちゃんがさまざまな能力を身につけていく素晴らしさ、言葉への興味から、それらを吸収するスピードに驚かされた方は少なくないはずです。

「うちの子って、天才じゃないかしら！」

多くの親がそう感じるのは、ちょうどこの頃です。

それが年とともに、「普通の子」になってしまうのは、なぜでしょうか？

「ま、しょうがないわね。親だって、そんなにできるほうじゃないし、これも遺伝かしらね」

そんなふうに感じてしまいますか？

いえいえ、実は、人間の遺伝子暗号は99・5%、みな同じなのだそうです。

つまり、本来誰だってみんな同じような能力が発揮できること間違いなしなのです。

それが、「できる子」と「ぱっとしない子」に分かれていってしまうのは、ひと言でいうならば、遺伝子をONにできるか、OFFのままでいるかの違い。

そして、このON、OFFのスイッチを入れる大きな役割を担っているのが、「親の日常」なのです。

ですが、場合によっては恐ろしいことに、OFFどころか、親が子どもの本来持っている力を削《そ》いでしまうこともあります。

つまり、子どもが「伸びる子」「できる子」になるか否《いな》かは、毎日の親のありよう次第なのです。

この本で、「伸びる子」「できる子」の力がはっきり見えてくる子育てを、いろいろな角度から考えてみました。

子どもが本来持っている力を最大限に引き出すために、親は何をすべきなのか、改めて親自身が考えるきっかけにしていただければ幸いです。

金盛浦子《かなもりうらこ》

目次

Part 3

「甘える」には意味がある

Part 6

その家の習慣からすべてが始まる

Part 7

「生きる力」はちょっとしたことから

Part 8

認める姿勢が子どもの力になる

Part 9

日常生活から勉強する気が育つ

Part 10

親の生き方を見せる

伸びる子・できる子の親の日常

——いつも子どもは親を見ている

Part 1

子どもの力・親の力って何？

赤ちゃんは生まれながらにすごい能力を持っている！

みなさん、初めて赤ちゃんが生まれてきたときのことを覚えていますか？

もちろん、かわいかったですよね。

それから、どんな感情を抱きましたか？　小さな体。お母さんのおっぱいにしゃぶりついてくる唇。バタバタとやたらに動かしている手足。意外な力強さでしっかりお母さんの指を握《にぎ》ってくる小さな指。

どれをとっても、なんだか頼りなげな感じで、ママがしっかり守ってあげなきゃ！

そんな気持ちになりませんでしたか？

でも、生まれたばかりの赤ちゃんは、大人も顔負けのすごい能力を持っているって、知っていますか？


たとえば脳の重さですが、生まれたばかりの赤ちゃんは４００グラム程度と言われています。でも、これが2倍、3倍と増えていき、7〜8歳では大人の脳とほぼ同じ1300〜1400グラムになります。

もっと不思議なのはシナプスです。

シナプスというのは脳細胞に情報を伝達して脳内のネットワークをつくる大切なものですが、シカゴ大学のピーター・ハッテンロッカー教授の研究によると、その密度は生後8〜12ヵ月でピークに達し、なんと大人の1・5倍にもなるというのです。でも1歳を過ぎる頃には、減少していきます。

これだけを見ても、赤ちゃんはタダモノではないことがわかります。

でもね、これだけじゃないのです。

生まれたばかりの赤ちゃんには、すごい言語能力があるって知っていますか？

たとえば、私たち日本人の大人は、英語の「R」と「L」の発音を区別するのが難しいのですが、生まれたばかりの赤ちゃんは、これができることが実験で明らかになっています。

そういったことから、生後できるだけ早く英語のシャワーを浴びせてあげると、将来、ネイティブの英語が身につくというので早期教育に熱心な親がいます。

でも、これはちょっと短絡的ではないでしょうか。

日本人には聞き分けるのが難しい発音は、英語だけでなく韓国語やドイツ語などにもありますが、生まれたばかりの赤ちゃんは、それらもみんな聞き分ける能力を持っているのですからびっくりですよね。

でも残念なことに、赤ちゃんのこの能力は生後1年くらいでなくなってしまいます。

なぜ、こんなことが起きるのでしょうか？

赤ちゃんにとって、母親など最初に身近にいて世話をしてくれる人とのコミュニケーションは、まさに死活《しかつ》問題です。うまくコミュニケーションできなければ生命を全うすることも難しくなるかもしれません。だから、どんな言語を使う人とでも対応できるような準備ができているのではないでしょうか。

生後1年くらいが過ぎると、たとえば母親が日本人なら「R」と「L」を聞き分ける必要はなくなります。そこで、その能力は必要なくなって、脳のシステムからアンインストールされていくというわけです。

こんなふうに考えると、赤ちゃんは生まれながらにすごい能力を持っているのだなぁ、と感心させられます。

遺伝子の力をONにするのは「愛」

ここ数年、先端科学の分野では、遺伝子やDNAの研究が急速に発展し、それらのさまざまな役割もわかってきました。

遺伝子、DNAというと、人間の性格や能力を「血のつながり」に求める傾向がありますが、そんな単純なものではないようです。

遺伝子の研究家として知られる村上和雄《むらかみかずお》先生（筑波大学名誉教授）は、「人間の遺伝子暗号は99・5％どの人も同じ」（『愛が遺伝子スイッチON』海竜社）とおっしゃっています。

つまり、人間の大脳皮質には生まれながらにして140億個の神経細胞があり、その働きにかかわるシステムは、どの人もほとんど変わらないというわけです。

それなのに、どこから見ても優れた人がいる一方で、あまりぱっとしない人もいるのは、いったいなぜなのでしょうか？

せっかく持っている遺伝子の力を、ＯＮにできるかＯＦＦのままでいるかで、人間の能力は違ってくる――簡単に言うと、それが村上先生の考え方です。

「うちは親があまり頭のいいほうではないから、子どもに期待するのは無理かも」

そんなふうに考える親御さんがいると思いますが、そんなことはないのです。

誰でも生まれながらに持っている力をＯＮにすることができれば、どこまでだって能力は伸びるのです。


では、どうすれば、誰でも持っている遺伝子の力をＯＮにできるのでしょうか？

村上先生は、それは「愛」だと言います。

人間はみな遺伝子暗号が99・５％同じとのことですが、だからと言って、65億人と言われる地球上の人類で、姿かたちから性格まで、何から何まで同じというケースはありません。

誰もがかけがえのない、たった一つの命を持って生まれてきています。

この部分こそが、残りの０・５％なのです。

私たち一人一人がその人だけの価値を持って生かされているのです。

遺伝子をONにする愛は、まずここから出発します。

つまり、命への慈《いつく》しみ、生かされていることへの感謝。

それが愛のベースです。

その愛は自分自身への愛、まわりの人たちへの愛、この世に生を受けるあらゆるものへの愛につながります。

子どもが能力を生かせるかは親の日常で決まる

子どもはもともと十分な能力を与えられて生まれてきます。

問題は、その能力を削《そ》ぐことなく、いかに生かすかという点にあります。

英語で教育を「education」と言いますが、この語源はラテン語にあり、その本来の意味は「外に引き出す」という意味だそうです。

つまり、本来持っている能力を引き出すということでしょう。

でも、みなさん自分自身を振り返ってどうでしょうか？

子どもに対して持っているものを外に引き出すように努めていますか？

むしろ逆で、外からものを詰め込もうとしていませんか？　そうすることで、子どもがせっかく持って生まれた能力を削いでしまっていたのではないでしょうか。

子どもが本来持っている能力を引き出す教育とは、どういうものなのか？

この本全体が、その答えだと私は思っています。

ベースになるのは「生きる力」と「人間力」

この本の基本的なテーマは「伸びる子」「できる子」をどう育てるかです。

つまりは子どもの力です。

それでは子どもの力とはいったい何でしょうか？

親御さんたちが気になるのは、やはり勉強・学力だと思います。

しかし、ここではもう少し幅を広げて考えてみたいと思います。

具体的に言うなら、まず「生きる力」です。

生きる力とは、激動する世界の中でどう自分自身の力を発揮できるかをポイントにした、いわば人間としての力のことです。

ベースにこれがなければ、勉強・学力もひ弱なものになってしまいます。

これについては、後で詳しく触れていますから、そこでまた考えることにしましょう。

この生きる力を私流に表現すると、「人間力」ということになります。

具体的には、コミュニケーション能力、自立力、共感力などを含めた力のことです。


ところで、みなさんはEQという言葉をご存じでしょうか？

EQとは、Emotional Intelligence Quotientの略で、日本語では「情動知能指数」ということになるでしょうか。

私自身はもう少し日本語としてわかりやすいように「心の能力指数」と呼ぶことにしています。

これは、かつてのIQ、つまり知能指数に対置して提起されたもので、数年前から注目され、企業などが採用に際してEQを重視するということも多くなっているようです。


EQの具体的な中身としては、ざっと次のような要素が挙げられています。

＊自己認知力……あるがままの自分の心の姿を認知する力
＊共感力……他人の心の状態を「心の肌」で感じられる力
＊自己コントロール力…自分の感情を抑制する力
＊社会的な器用さ……社会のルールを認めながら自分らしさを出していく力
＊前向き思考……何があっても、なんとかして良い道筋を見つけ出す力

簡単に言えば、こうした力を「心の能力」と呼びます。

これは「生きる力」に、さらには「人間力」につながるもので、こうした力が伸びる子やできる子につながっていくのです。

親が伸びれば、子どもも伸びる

結婚して子どもを育てて何年か経ったお母さんたちを見ていて、おもしろいことに気づきました。

「人間が大きくなって成長したわね……」

そう実感させられる方と、逆に、

「結婚するまでは仕事をバリバリやっていて、知的な感じだったのに、なんだかくたびれた感じになっちゃったわね……」

残念ながらそんなふうに見える方です。

生き生きとして成長したなぁと感じる方は、お子さんも生き生きとして、いかにも「伸びる力」を持っていそうな感じです。

逆にくたびれた感じの方は、お子さんも、あまりぱっとしないことが少なくありません。

そうなのです。

子育ては「親育て」と、よく言いますね。本当にそのとおりで、親は子どもからたくさんのことを学びます。

子どもを育てているようで、じつは子どもから育てられていることも多いのです。

ですから親が伸びれば、子どもも伸びますし、子どもが伸びれば、親もまた伸びます。

そういう意味で、親子は学び合い、育ち合う関係なのです。

だから、お母さん、子どもを伸ばそうと思ったら、まず自分自身が伸びることです。

それなくして、子どもだけを無理やり伸ばそう伸ばそうとしても、決して伸びる力やできる力は育ちません。

伸びる子・できる子が育つ親の日常チェックリスト

さて、「伸びる子」や「できる子」が育つ親の日常とは、いったいどんなものなのでしょうか?

本論に入る前に、今のみなさんの日常をちょっとチェックしてみましょう。
リストは全部で20項目あります。
本論に入る前のちょっとしたゲームですから、気楽にトライしてみましょう。
さて20項目中、いくつ「YES」がありますか?

親の日常 チェックリスト

1	いつも家の中に花がありますか？	□ YES □ NO
2	子どもに「おはよう」「ありがとう」「ごめんなさい」が言えますか？	□ YES □ NO
3	子どもと一緒に料理をすることが多いですか？	□ YES □ NO
4	自分が好きですか？	□ YES □ NO
5	何かわからないことがあると、調べないと落ち着きませんか？	□ YES □ NO
6	映画や小説、絵画、音楽などで好きな作品をすぐあげられますか？	□ YES □ NO
7	子どもの素敵なところを3つあげられますか？	□ YES □ NO
8	しつけは厳しくないほうですか？	□ YES □ NO
9	人に自慢できる趣味がありますか？	□ YES □ NO
10	家にいると落ち着きますか？	□ YES □ NO
11	ご主人と（奥さんと）1日1時間以上、話をしますか？	□ YES □ NO
12	ご主人は家事や子育てを手伝ってくれるほうですか？	□ YES □ NO
13	夫婦仲は良いほうですか？	□ YES □ NO
14	生きていることに感謝の気持ちがありますか？	□ YES □ NO
15	テレビを見ながら食事をすることはない	□ YES □ NO
16	子どもとの約束を守りますか？	□ YES □ NO
17	子どもの友達の悪口を言わないようにしている	□ YES □ NO
18	自分自身の勉強を何かしていますか？	□ YES □ NO
19	子どもの将来について、子どもと話をしますか？	□ YES □ NO
20	子どもに家の手伝いをよくさせますか？	□ YES □ NO

TOTAL　YES ＿＿＿＿　NO ＿＿＿＿

どうでしたか？　20点満点という方は、ほとんどいらっしゃらないと思いますが、YESが15〜20あった方は、お子さんは間違いなく「伸びる子」に育ちます。もし、すでにかなりの年齢に達していれば、きっと「できる子」になっているはずです。

YESが10〜14あった方は、まずまず。もう少し日常を改善すれば、お子さんはもっとぐんぐん伸びますよ。

YESが5〜9の方は、要注意。日常をよく見直して、親の生き方そのものを変えていく努力が必要かもしれませんね。

YESが4以下の方は、かなり問題ありです。「伸びる子」「できる子」にお子さんを育てようと思ったら、親自身の生き方、子どもとの接し方を基本から見直す必要があります。

最低レベル⁉　ショックで落ち込まないでくださいね。

私が想像するに、じつはほとんどの方がYESが4以下なのではないでしょうか。

だからこそ、この本を読んでいただく意味があるのです。

Part 2

普段の生活で「感じて」いますか

いつも家の中に花がありますか？

最近、近所の公園や広場で遊んでいる子どもを見かけることが、ずいぶん減ったように思います。

東日本大震災で福島第一原子力発電所の事故があってからは、放射能の問題がありますし、10年ほど前からは紫外線の体に及ぼす影響などへの心配も増えてきました。

でも、子どもが外遊びをあまりしなくなったのは、こうした問題のためだけではなさそうです。

私がカナダに行き始めたのは、２００３年頃です。

その当時、驚いたのは、公園に子どもの姿がないことでした。

子どもたちのいないブランコ、砂場、子どもが座れそうな大きさの動物の置物たちが寂しそうでした。私は、こんないいところなのに、どうして子どもの姿がないのかしらと思ったものです。

それと同じような状況が今、日本に起きているように思います。

たとえば、「遊びについてのアンケート」（ネットマイル・リサーチ　２００９年）によると、「外遊び派」は小学生で26・０％、「室内遊び派」は45・３％と、室内派が断然多くなっています。

この数字は、きっとお母さん方の実感とも一致しているのではないでしょうか。

いろいろな心配もありますが、子どもは外でたくさん遊んでほしいですよね。


よく外で遊ぶ子どものお母さんって、どんなタイプだかわかりますか？

もちろん散歩やウォーキングで外の空気を吸うのが好きというのは当然ですね。

でも、それだけではないのです。

一つは、お花が好きなお母さんです。

たとえ一輪挿しでも、いつも家の中に花を活けている方がいます。その方のお子さんは、男の子でも女の子でも、きっと外で遊ぶのが大好きです。

私の知り合いにも、そんなお母さんがいますが、そのお子さんは本当によく外で遊んでいました。そのお母さんは、お子さんが歩けるようになると、一緒によく外歩きをしていました。

葉がいっぱいに茂った大きな樹があれば、その下でおいしい空気をいっぱい吸って話しかけていました。

道端に小さなタンポポやスミレが咲いていたら、二人でしゃがみこんでじっくり観察。ときには川辺や海、親子で登れる山などにもよく出かけていたのです。

川辺や滝のある場所などでは、細胞を元気にしてくれるマイナスイオンが発生しているのです。森の樹木は「フィトンチッド」という成分を放出していて、自律神経を安定させる効果があるとされています。

でも、そんな理由づけをしなくても、森や川で空気を吸っていると、とっても気持ちがいいですよね。

子どもにとっては、この気分を体感させることが、とても大切なのです。

自然が発する音に耳を澄《す》ませてみましょう

フィトンチッドの話が出たところで、ちょっと森のことについて寄り道してみましょうか。

みなさんは、森や山で大きな樹木と話をしたことがありますか？

私は、昔、子どもたちとよくしました。

大きな樹の幹《みき》に耳をあてると、樹から音が聞こえるのです。

聴診器があると、もっとよく聞こえるのですが、樹は「ゴー」という少しくぐもった音を立てています。

「へぇ、この樹は元気だね」

などと話をしたものです。

もっとも後で知ったことなのですが、確かに音は聞こえるのですが、この音は、樹木が水を吸い上げる音ではないかというのが専門家の見解だそうです。

そして、樹は話をするそうです。

先ほどフィトンチッドについてお話ししましたが、フィトンチッドには樹木にとって有害な毛虫などが嫌がる芳香性物質が含まれているそうです。

樹は毛虫などがやってくると、すぐにフィトンチッドを出して隣の樹にこのことを教えると言います。

すると、おもしろいことに、隣の樹木は自分も虫が嫌がる成分を葉にためるのです。

そうなんです。樹木同士が警告物質を出すことによって、おしゃべりをしているのです。

森林へ行って、耳を澄ませば聞こえるでしょうか?

お子さんのことで自信がなくなったとき、ちょっと疲れた、ストレスがたまったかなというとき、森や水辺に出かけて深呼吸してみましょうよ。

不思議なことに、体や心にわだかまったものが、すーっと抜けていきますよ。

生きていることに喜びを感じる「1/f ゆらぎ」の効果

お花が好きで、水辺や森に出かけるのが好きなお母さんは、きっといつも気持ちが穏やかで、生きていることに喜びを感じている人だと思います。

そんなお母さんは、あまり子どもをガミガミと叱《しか》りつけたりしません。

マイナスイオンやフィトンチッドもそうですが、自然の中には「1/f ゆらぎ」がたくさんあふれています。

1/f ゆらぎって、何でしょう?

1/f ゆらぎの「f」は、frequency（周波数）のことです。

つまり周波数が高くなるほど波の振幅が小さく、逆に周波数が低くなるほど振幅が大きくなる現象のことです。

この1/f ゆらぎは、自然界に起こるゆらぎの中で普遍的な現象ということがわかっています。

打ち寄せる波の音、小川のせせらぎ、木の葉を揺らす風、木漏《こも》れ日のリズム、太陽光、星の瞬《またた》き、蛍《ほたる》の光など自然界のゆらぎは、例外なくこの1/fゆらぎの特性を持っているのです。

また、ろうそくの炎の揺れや電車の揺れなど、人間がつくった人工物にも1/fゆらぎがあることがわかっています。

大切なのは、ここからです。

じつは、人間の脳波がリラックスしているときに優勢になるα波や、眼球の動き、心臓の鼓動も1/fゆらぎを有しているということがわかってきました。

つまり自然の中で起こるさまざまな1/fゆらぎは、その中に身を置く人間をリラックスさせる効果があるということです。

さきほど自信がなくなったときや疲れたとき、森や水辺に出かけると、すっきりしますよ、とお話ししました。

それも、じつはこの1/fゆらぎのためなのでしょうね。

自然の氣を感じることができますか？

仕事柄、いろいろな悩みを抱えたり、心のトラブルを抱えている人たちの相談を受けることが多いのですが、そういうとき、私は海や川、星空という自然の中で深呼吸することをすすめています。

たとえば広い海原に向かって頬に風を受けながら、ゆっくりと深呼吸していると、だんだん打ち寄せる波の音と同化してきます。

やったことがある方ならわかると思いますが、こうしていると、体の中から嫌な氣がどんどん抜けていき、広大な自然が持っている良い氣が少しずつ体に入り、頭の先から抜けていくのを感じることでしょう。

この氣をたくさん取り入れているお母さんは、心身のエネルギーバランスが整って、無用な不安に苦しめられることがなくなりますし、だんだん自分が好きになってきます。

よく問題を起こしたり、思うように伸びないという子の親は、ほとんどの場合、自分が嫌いです。

いつも自分に不満と不安を抱いていることが多いものです。

子どもを伸ばそうと思ったら、まず親が自分自身を好きになることです。

好きになるということは、一言でいえば、いいところも悪いところも含めたありのままの自分を丸ごと抱きしめるということです。

私自身は、今まで何度も本で書いてきた事柄ですが、人間には、どんなに素敵な人でも、必ずマイナス面があります。

また反対に、どんなにダメだと思われている人にも、必ず素敵な面があるのです。

世の中に、私、あなたという人間は、たった一人しかいないのです。

ですから、いいところも悪いところも含めたありのままの自分を好きになりましょう。

外歩きには「先行体験」がいっぱい

自然の中で、思いっきり新鮮な空気を吸う気持ちのよさを体感させることは、子どもにとってとても大切です。でも、得られるものは、それだけではありません。

外を歩いていると、「先行体験」の素敵な材料がいっぱいちりばめられています。

先行体験とは、学校などで学ぶ内容について、日常の会話や生活の中で、学習に先行して触れているということです。

「おもしろい！」「たのしい！」という体験を積み重ねることで、やがて本当の勉強をするときに、前向きになれるというところがポイントです。

たとえば、散歩をしていて、タンポポやスミレが咲いていたとします。

タンポポに綿毛《わたげ》があったら、子どもと一緒に飛ばしてみましょう。

「ほら、よく見てごらん。綿毛の先には実がついているよね。タンポポに綿毛ができるのは、どうしてだと思う？」

「どうしてかな……わかんない」

「ほら、風に乗って、あんなに遠くまで飛んでいくでしょう。これは、なるべく遠くまで実を飛ばして、タンポポがたくさんのお友達を増やすためなんだよ」

「ふーん。でもスミレには綿毛がないよ」

「よく気がついたね。そうだね、スミレには綿毛がないね。なぜかというと、スミレは遠くまで実を飛ばさなくていいからなの」

「ええっ、何で？　スミレだって、たくさんお友達ほしくないのかな？」

「そうだね。でも、スミレは実じゃなくて、根がどんどん増えてお友達を増やしていくんだよ」

「へぇ！　おもしろいね」

こんな会話ができれば最高ですね。

伸びる子に大切なのは、「やる気」です。

この子が、もし小学校の理科で植物について勉強することになったら、「あ、あれだ！」と、かつての経験を思い出すでしょう。それが「やる気」につながるのです。

先行体験は、こうした要素の基礎をしっかりと築《きず》いてくれるのです。

子どものいたずらはすぐに止めないで

子どもが赤ちゃんのときって、お母さんはどうしても生育状態や健康に気持ちが集中していて、心理面や脳のことなど、あまり意識していないですよね。

たとえば、子どもが近くにあるものを何でも口にくわえ、舌でベロベロしていると き、みなさんはどうしますか？

「あらぁ、ばっちいわね。これは、ない、ない！」

なんていう感じですか？

そうかと思えば、ケースからティッシュを次から次へと引っ張り出してお散らかしすることもありますね。

「ああ、もう。そんないたずらしちゃダメでしょ！」

と、没収。

確かに、物によっては危険なこともありますし、不衛生なこともあります。

ただ、こんないたずらにしか見えない行動が、じつは赤ちゃんの脳の発達と深い関係があるのを知っていますか？

何でも口にくわえたり、なめたりするのは、空間認知のトレーニングなのです。生後4ヵ月くらいまでの赤ちゃんは、目で物を見ても2次元でしか認識できません。口に入れたり、なめたりするのは、物の立体的な形を確かめているのです。何も言われなくても、ちゃんと脳のトレーニングをしているのですから、エライですね！

ケースからティッシュを引っ張り出すのも、そうですよ。

指は第二の脳と言われるくらいで、とても大切な器官です。柔らかいティッシュペーパーを指でつかんで引っ張り出すのは、なかなか難しいもので、そうして遊ぶことで指のトレーニングをしているのです。

こんな困った遊びを、「汚いわ」「危ないでしょ」と、すぐに禁じてしまわないで、「なるほど脳のトレーニングをしているのか」とじっくり観察してみましょうよ。

もちろん、たとえばティッシュなどは飲み込んで喉《のど》を詰まらせることもあるので、やらせてみようと思うときは、必ずお母さんがそばにいてあげてくださいね。

「泥んこ遊び」は、五感の発達を促す最高の遊び

もう少し大きくなってくると、危ないことがどんどん増えてきます。

たとえば公園のジャングルジムで、お母さんの手が届かない高いところまで上ることがありますし、特に男の子は高い木を見ると登りたがります。

子どもが手の届かない高い場所に上ってしまったとき、「危ない」という思いから、つい、「降りなさい」と言ってしまいますよね。でもね、いつまでも止めているわけにはいかないので、いずれはやらせてみるしかないのです。

それは、今この瞬間かもしれませんよね。

難しい判断ですが、ときには危険を承知でトライさせてみることも大切です。

トライしてみて、上手にできれば、それは子どもにとって達成感につながり、「自分の力でできるんだ！」という自信にもつながります。

こうした達成感や自信の積み重ねをたくさん持っている子ほど、後で学習面でも力

を発揮できるようになります。

もう一つ、お母さん方が、「わぁ、どうしよう！」と思うことに泥遊びがあります。泥んこ遊びは、五感を発達させるうえで大切な遊びです。

五感とは、視覚・聴覚・嗅《きゅう》覚・味覚・触覚のことで、昔からの分類法です。脳科学が発展した現在、脳と感覚器官の働きという点で、新たな光が当てられています。脳を十分に働かせるためには、五感のトレーニングが大切だと言われるようになりました。

この場合、特に大切なのは触覚で、手で泥を触ることで、情報刺激の脳に伝達され、脳が活性化するのです。

また、「やる気」はセロトニンという神経伝達物質の分泌と関係するそうで、この分泌が少ないと、うつになるとも言われています。

泥の中にある細菌が、セロトニンの分泌を促すという報告もありますから、「わぁ、ばっちい」「気持ち悪い」などと言わずに、大いに泥んこ遊びをさせてあげてくださいね。

昔ながらのじゃれつき遊びが子どもの脳を活性化する

昔ながらの原っぱでの鬼ごっこやじゃれつき合いなど、子ども同士、集団での五感を使った遊びも、子どもの知能の発育に良いとされています。

じゃれつき遊びといえば、栃木県宇都宮市の「さつき幼稚園」が有名です。

二十数年前から、先生方が子どもたちをおんぶしたり、抱っこしたり、追いかけっこをしたり、相撲《すもう》のようなことをしたりという時間を設けたら、見違えるように子どもたちが変わったということで知られています。

最初のきっかけは、この幼稚園の朝の習慣になっていた冷水摩擦《まさつ》を嫌がる子どもが多いので、みんなで暴れて体を温めようという単純な発想だったようです。

ところが、やってみると、子どもたちの目がキラキラと輝き始め、物事に積極的になったと言います。

それだけでなく、今まで教室で先生の話が始まると、落ち着きなく動き回っていた子どもたちが、遊びを終えると不思議にきちんと席に座るようになったのです。

その後、脳波のテストなどでわかってきたことは、こうした遊びが子どもたちの前《ぜん》頭葉《とうよう》を刺激し、知能を効率よく育てるということでした。

また脳科学者の澤口俊之《さわぐちとしゆき》先生は、「子どもの脳は集団で遊ぶことで最もよく育つ」と結論づけています。

最近、五感教育という言葉が、よく使われるようになりました。

手、足などの体をフルに使い、触覚や知覚を活動させることで効果的に脳への刺激を与え、脳の活動を活発にするというものですが、昔からある素朴な遊びは、こうした意味でも、とても効果的です。

じゃれつき遊びのような遊びは、子ども同士でするのが一番ですが、もちろん親子で楽しむことでも効果があります。

こうした遊びには、やはりお母さんより、お父さんの出番です。

ときには芝生のあるグラウンドや河原に出かけて、子どもとじゃれつき遊びをしてみましょう。

Part 3

「甘える」には意味がある

赤ちゃんがかわいいのにはちゃんとした理由がある

赤ちゃんって、人間だけでなく、動物もみんなかわいいですよね！

じつはこれ、とても生物学的な理由があるのです。

イギリスの有名な動物行動学者、デズモンド・モリスは、赤ちゃんがかわいい理由として次の６つを挙げています。

① 体に比べて頭が大きい
② 額が大きくて丸く盛り上がっている
③ 目が大きく顔の下のほうにある
④ 頬がぷっくりふくれている
⑤ 手足が短くぽってりとしていて、動きがぎこちない
⑥ 体全体がぽっちゃり丸い

この6つの条件は、人間だけでなく動物の赤ちゃんにも当てはまりますよね。

やはり有名なオーストリアの動物行動学者のコンラート・ローレンツは、この条件を「ベビー・シェマ（baby schema）」と名付けています。

つまり赤ちゃんがかわいいのは、「保護してあげなくては」という親や大人の本能を引き出すためのもので、あらかじめ生物学的に仕組まれたものというわけです。

確かに、もし赤ちゃんが凶暴な外見だったり、いやに大人びていたら、大人が大事にしてくれそうにもありませんね。

かわいいと言えば、生まれてすぐの赤ちゃんがなんだか微笑のような表情を見せることがあります。

中には、「わぁ、うちの子天才かしら。生後1ヵ月なのにもう笑った！」なんて大喜びする人がいます。

そう思うのも無理はないですよね。

でも、じつはこれは「新生児微笑」といって、顔の筋肉がゆるんで、笑っているように見えるのです。

「でも、私があやしたら笑ったもの！」という方がいらっしゃるかもしれませんね。

生理学的に言えば、それはただタイミングが合った結果ということになります。

でもね、親バカくらいでいいんです。

どんどん親バカぶりを発揮してください。

たとえ新生児微笑は生理的な反応だったとしても、赤ちゃんはものすごいスピードで学習します。

いつも自分の近くで声をかけ、あやしてくれる人がいて、その人は顔をこんな形にすると喜ぶと学んでいきます。

それが本物の笑顔へとつながっていくのですから。

お母さんの笑顔が赤ちゃんの脳を刺激する

赤ちゃんに対しているとき、お母さんはたいていいつもニコニコ笑顔か、やさしい慈《いつく》しみの表情になっていますよね。

もし今、赤ちゃんをお持ちの方なら、ちょっとおもしろい実験をしてみませんか？

いつものように赤ちゃんを見つめていて、急にすっと無表情をつくってみるという実験です。そのまま2～3分、無表情を続けてみてください。

さて、赤ちゃんの反応はどうですか？

きっと最初は、お母さんの反応を促すような声を出したり、手で顔を触ってきたりします。それでもお母さんが無表情のままだったら、赤ちゃんは、間違いなく泣き始めます。これは、どういうことでしょうか？

赤ちゃんはお母さんの表情を読めるということです。

心が読めると言い換えてもいいかもしれません。

このことに関連して、もう一つ、おもしろい研究報告があります。

生理学研究所のNIRS（近赤外分光法）を用いた脳活動の調査研究によると、「乳児」の「笑顔」「怒った顔」に対する反応には、大きな違いがあると言います。

笑顔では、赤ちゃんの脳反応が増加し続けたのに対し、怒った顔では急速に脳反応が低下しました。また、笑顔に対しては左側頭部、怒った顔では右側頭部で脳反応の増加が認められました。

つまり、笑顔（ポジティブ表情）と怒った顔（ネガティブ表情）を、左右の別々の半球で処理していることがわかったわけです。

笑顔は喜びの情報を伝えるため、脳の活動が継続して活動します。

怒った顔は、警告や危険を示す情報を伝え、次に行動を移す必要があるため、脳の活動が急速に低下していくことを示していると言います。

人の心を読み、理解することを心理学では「心の理論」と呼んでいて、子どもの能力の重要な要素であると同時に、コミュニケーション能力のベースにもなるものです。

ここで、私が言おうとしていること、わかっていただけますよね。

お母さんの笑顔は、子どもの能力と密接な関係があるということなのです。

赤ちゃんの声にちゃんとこたえてあげていますか？

生まれてしばらくの赤ちゃんは、表現といったら泣くことくらいしかありませんが、2～3ヵ月になると、「あ～」「う～」「くぅ～」などと声を出していることがあります。

意味のない声ですから、やり過ごしてしまいがちですが、これは赤ちゃんが、「ママー、ね、お話ししようよ」

そう言っているのかもしれませんよ。

この赤ちゃんのお願いに、十分こたえてあげましょう。

「うーん、そうなの。ママとお話ししたいのね」

「今日はご機嫌がいいのかな？」

などと話しかけましょう。

この赤ちゃんの意味のない声は、じつは「クーイング」と言われ、おしゃべりの始まりだとされています。

ですから、お母さんがちゃーんとこたえてあげることで、言葉の発達は促されていきます。

ちょっとここで興味深いエピソードをご紹介しましょう。

プロイセンを世界の強国に育て上げ、大王と呼ばれたフリードリヒ2世は、ある残《ざん》酷《こく》な実験をしたことでも知られています。

産業革命後のヨーロッパは捨て子が多く、修道院で育てられていたのですが、大王は、あるとき修道士にマスクをさせて、赤ちゃんが目を見ても一切目を見てはいけない、笑っても笑いかけてはいけない、語りかけてもいけないと、ふれあいを一切しないで赤ちゃんを育てる実験をしたのです。

その結果、どうなったと思いますか?

なんと数ヵ月後に、赤ちゃんはみんな死んでしまったのです。

大王は、何の接触もない赤ちゃんが、最初に発する言葉は何かを調べたかったのですが、結果は悲惨《ひさん》なものでした。

似たような実験例は他にもあり、赤ちゃんはミルクを与えるだけで育つものではないということがわかります。

ミルク以外にお母さんや、お母さんに代わって保護してくれる人とのコミュニケーションがなければ、心も体も健康に育たないのです。

赤ちゃんとお母さんとのこの関係を、「母子相互作用」と呼んでいます。

この関係は、赤ちゃんがまだちゃんと言葉を話せない時期から始まっています。

「あ〜」とか「くぅ〜」とか言い始めたら、ちゃんと話しかけてあげてくださいね。

焦《あせ》って自立を求めたための落とし穴

「伸びる子」「できる子」にとって、自立というのはとても大切なポイントです。けれども、甘えることと自立との関係を知らないと、困ったことも起きてきます。

私が知っている、ある幼稚園児のお母さんの話をしましょう。

そのお母さんは、子どもができるまではある企業の開発室に勤務、いかにもデキそうなキャリアウーマンという感じの方でした。子どもが生まれて仕事を辞めたのですが、子育てにもかなりの知識があって、自信満々という様子でした。

「うちの子は、言うことを聞いてくれるし、わがままも言わないし、本当に手がかからないんですよ」

というのが、そのお母さんの口ぐせです。

確かにそのとおりで、幼稚園でも最初からちゃんとお母さんにバイバイできるし、脱いだ靴や通園バッグも決まった場所に置けるし、本当にきちんとした男の子です。

ただ、お母さんのしつけは相当厳しいもので、幼稚園に行くまでの1年間ほどは、それこそ朝から晩まで叱責《しっせき》の声を上げっぱなしだったようです。お母さんとしては、すべては何でも自分でできるように自立心を身につけさせるためでした。

後になって問題が起きなければいいんだけど……、私は少し心配になりました。

それからずいぶん時が流れて、ある日、そのお母さんから電話をいただきました。幼稚園のときの、あの男の子は小学校6年生になっていましたが、急に成績が落ちてきて、反抗もするようになって困っているというのです。

私の昔の心配が、現実のものになってしまったのです。

男の子は決まった問題や言われたことは、すぐにこなすのですが、自分で考えなければいけない問題がどうも苦手だったようです。

彼は中学受験をすることになっていたのですが、最近の試験問題は自分で考えさせる問題が増えてきているせいか、なかなか成績が伸びない。

そんな現実を見ると、彼が本当に自立していたとは思えません。

その最大の原因は、幼児期にお母さんに甘えることをほとんどしなかったからなのです。

たっぷり甘えられた子どもがきちんと自立する

子どもの自立を促そうとするあまり、子どもの甘えを許さないという親御さんがいます。

たとえば、赤ちゃんのときの添い寝や抱っこです。

添い寝や抱っこをしすぎると、自立心が育たないと言われることがあります。

確かに二十数年前には、アメリカ流育児として広まったことがありますが、最近では本家のアメリカで日本流の添い寝やおんぶが見直されています。

そして、子どもの心の成長を考えたときに、十分な甘えは自立のベースと言われるようになりました。

十分に甘えることができた子どもは、その満足が「自分は愛されている」という自己肯定感を生み、それが自信と自立につながっていくのです。学習的な能力も自己肯定、自信、自立がなければ、十分に伸びません。

最近、若い人に対する不満として、「言われたことはするが、自分で考えて行動することができない」と、よく言われます。一流大学を卒業して社会人になった人たちにも同じことが言えるようです。

優等生的な人ほど、その落差が激しいとも言われます。

一言でいえば、本当の自立ができていないということですね。

前の項でお話ししたお母さんの悩みを聞いたとき、そのお子さんもたとえ一流大学を卒業したとしても、同じような問題で悩むのではないかと懸念します。

甘えん坊さんの「心のビタミン」

まったく逆の例を一つご紹介します。

これは、今までの本でも何度か取り上げたことがあるのですが、とっても甘えん坊の女の子のお話です。

先ほどの男の子の例ではないですが、彼女は3年保育の幼稚園に入ったとき、数ヵ月間もうまくお母さんとバイバイできませんでした。他の子はさっさとバイバイして友達と遊んでいるのに、彼女だけは幼稚園の入り口が近づくと急に足がのろくなり、靴脱ぎ場では泣きそうな顔になり、「帰らないで！」と、お母さんをさえぎるのです。

最初の1ヵ月くらいならまだしも、それが3ヵ月も続いたのですから、お母さんの心配は相当なものでした。

お母さんから相談を受けたとき、私は即座に答えました。

「大丈夫！　赤ちゃんのときの後追いもそうですが、たくさんしている子でも後でちゃんと自立するのですよ」

それでもお母さんは不安そうでしたが、半年くらいもすると元気にバイバイできるようになりました。それから6〜7年も経ったでしょうか、偶然、そのお母さんに会う機会がありました。甘えん坊の女の子は小学校4年生になっていました。

そのとき、お母さんからとてもうれしい報告を受けました。

女の子が3泊4日のサマースクールに自分から望んで参加したというのです。

しかもサマースクールの参加者は、いろいろな学校から集まった知らない子どもたちばかり。ほとんどの子は友達と一緒に参加するのですが、女の子の学校からは誰も参加しなかったそうです。

「本当に大丈夫なの?」

お母さんのほうが心配になったそうですが、彼女は元気に出かけ、4日後にはたくさんの友達とワイワイやりながら帰ってきたそうです。

どうですか? 子どもにとって、「甘える」ということは絶対欠かせない「心のビタミン」です。そして自己肯定感や自信、ひいては自立のベースになるものだということを忘れないでくださいね。

「甘える」と「甘やかす」は、どこが違うの？

ただ、ここで一つお断りしておきたいのは、「甘える」と「甘やかす」は違うということです。

「甘える」というのは、子どもがたっぷりと親の愛を浴びるということです。「甘やかす」というのは、子どもの言うなりになることです。「甘える」は愛から出発していますが、「甘やかす」は愛ではなく、親の不安から出発しています。

なかなか難しいので、具体的な例を挙げてお話ししましょう。

たとえば、よくあるケースですが、小さな子どもとお母さんが買い物に行きます。そして、お母さんは「今日は、あなたのおもちゃは買わないのよ、それでいいのね」と約束します。

いざ出かけてお店に着いて、おもちゃの棚を見ると、子どもはやはりほしくなってしまいます。そして、「買って、買って」とダダをこね始めます。場合によっては、通路に寝転がって足をバタバタやってしまうかもしれません。
さぁ、あなたならどうしますか?
まず、最初の選択です。

① **うるさいし、まわりの目もあるので、「しょうがないわね」と文句を言いながら買ってあげる。**
② **「何言ってるの、さっき約束したでしょう!」と強引に子どもを引っ張っていく。**

じつは、選択としては、どちらも×です。
①は「脅《おど》せば、何でもわがままが通る」ということを子どもに教えていることなので、これは「甘やかし」です。
②は正しい対応のように見えますが、子どもは「悔《くや》しい気持ちを受け入れてくれない」存在として母親を位置づけてしまいます。つまり、「頼ることができない」という関係の成立です。

それでは、「甘え」のシャワーを浴びせることができる親の対応とは、どんなものなのでしょうか？

まずは「共感」です。約束はしたけど、今、目の前にあるおもちゃが「ほしい」という気持ちに共感し、言葉にしてあげましょう。

「このおもちゃがほしいのね。○○君が大好きなポケモンだしね」

と、こんな感じで。それから次のような言葉も。

「ほしいけど、買ってもらえないから悲しいね、悔しいね。今日は約束して出かけてきたので買ってあげられないわね」

そう言って子どもを抱きしめましょう。

お母さんの胸で泣かせてあげましょう。

この「自分の気持ちが受け入れられている」という安心感が、やがて自信や自立につながっていきます。

逆に、「気持ちを受け入れてもらえない」という失望感は、信頼感の喪失を生み、自信や自立への妨《さまた》げとなってしまうのです。

「伸びる力」の基礎になる愛着と自己肯定感

小学校1～2年生ならともかく、4年生くらいになっても、ある日、子どもは突然、

「ママ、抱っこ！」

なんて言い出すことがあります。

しばらく抱っこなんてしていなかったお母さんは、びっくりしますよね。

つい、こんなふうに言ってしまっていませんか？

「何甘えてるの？　はずかしいわよ！」

そんなことを言わずに、

「いいわよ。はい、○○ちゃん大好き！」

と、しっかり抱きしめてあげてくださいね。

こういうこと、男の子でも女の子でも、よくあります。

子どもは、「自分はママにとって大切なんだ。ママに愛されているんだ」ということ

とが最大の心のビタミンになります。その信頼と自信があればこそ、外に向かって自分の力をいろいろ試すことができるのです。

でも、ときどき自信がなくなりそうなことってありますよね。

そうすると、心のビタミンを補給しなくてはならなくなるのです。

子どもの伸びる力を考えるとき、親はどうしても狭い意味の学習面にばかり意識しがちです。

でも、児童心理学的に見ると、学習する力の基礎になっているのは自己肯定感ですし、さらにその基礎になっているのは、親子の愛着関係なのです。

たとえば学校の成績などは、そのときどきによって良くなったり、悪くなったりすることがありますが、親子の愛着による信頼と自己肯定感がしっかりあれば、その子は必ず伸びしろを持っています。

ですから、たとえ大きくなっても、子どもが甘えてきたら、しっかり、たっぷりと甘えさせてあげてくださいね。

Part 4

好奇心を忘れていませんか

子どもに絵本を読み聞かせることが好きですか？

まだ0歳でも、目が見える時期になると、待ち構《かま》えたように絵本を買い揃《そろ》えるお母さん、いませんか？

それで、いいんですよ。

私の知り合いのお母さんで、子どもが3歳になるまで、欠かさず毎晩寝る前に絵本を読んであげたという方がいます。

なぜ3歳までかというと、どうにか字が読めるようになると、今度は子どもがお母さんに読んであげるという形になったからです。

これも、毎晩欠かさずに続いたそうです。

そして、その子ですが、小学校では一番の本好き、中学でも一番の読書家として、まわりから一目置かれる存在だったようです。

「いくら言っても、うちの子は本を読まなくて困ります」

そんなお母さん方の声をよく聞きます。

ここ数年、日本の子どもたちや学生のリテラシー能力について、いろいろ議論されています。

リテラシーとは、もともとは「読み書きの能力」のことですが、「情報リテラシー」などという言葉もあり、「読解力」という日本語が一番あてはまるでしょうか。

この能力が欠けているのは、本を読まないせいだというので、最近、「朝の読書」運動が学校などで広がっています。

そんな背景もあって、お母さんたちは、なんとか子どもに本を読ませようと努力なさっています。

でもね、「何かのためになるから」なんて言っても、子どもが本を読むようになるわけではありません。

子どもにとって、本を読むことが楽しくなくては始まらないのです。

本が楽しくて好きになる方法があります

さて、子どもに絵本をどう読み聞かせるか？　ここが工夫のしどころです。

毎晩本を読み聞かせたというお母さんの経験を、もう少しお話ししましょう。

そのお子さんは、気に入った本があると、毎晩でも何回でも同じものを読んでくれるようにせがんだそうで、３歳頃には少し長い『エルマーのぼうけん』（福音館書店）のような物語がお気に入りでした。

これも何度も読み聞かせていると、お子さんは物語や会話の一字一句まで覚えてしまい、お母さんがちょっとでも読み間違えると、「それ違うよ」と指摘したそうです。

そこからヒントを得て、お母さんがわざと読み違えたり、一部を飛ばして読んだりすると子どもが指摘する、というゲームのようなやりとりが増えていったのです。

これって、じつは、「読書へのアニマシオン」と言われる方法なのです。

アニマシオンというのは、スペイン語で「生き生きとする」「心躍《おど》る」という意味で、絵本をただ読むだけでなく、生き生きと心躍る方法で絵本を楽しもうという方法です。

本当はアニマドールという資格を持った専門家が行うのですが、家庭で手軽に行う方法もあります。

そのアニマシオンの方法の一つに「ダウト」というゲームがあります。

一度、子どもに絵本を読んで聞かせ、2回目を読むときに、わざと登場人物や場所を違えて読むのです。子どもが気づいたら、「ダウト!」と言って間違いを指摘するというゲームなのですが、先ほどのお母さんは、気づかないままに、まさにそれをやっていたことになります。

アニマシオンを開発したスペインのモンセラット・サルトは、その著書で75の段階別方法を紹介していますが、そのいくつかは家庭でも十分にできるものです。

たとえば「ダウト」以外に、登場人物の服装や持ち物を当てさせるというものがありますし、物語に登場した人物と登場しなかった人物を当てるというものもあります。

これぐらいの程度なら、お父さんやお母さんでも、家庭で十分できると思います。

ぜひ、試してみてください。

お母さん自身が絵本の世界を楽しめますか？

私の大好きな絵本に、島田《しまだ》ゆかさんの『バムとケロ』シリーズ（文溪堂）がありま す。

一応、主人公は、犬のバムとカエルのケロですが、他に個性豊かなサブキャラクターがたくさん登場します。

メインの絵とストーリーの背景で、この小さなキャラクターがいろいろなことをしているのを見つけるのが、なんとも楽しいこと！

たとえば、サングラスをいろいろ選んでいたり、変な買い物をしていたり。何度も出てくる部屋に飾ってある額縁の絵が、じつは少しずつ変わっていたりするのです。

私が知っている、ある母娘は、このサブキャラクターの細かい動きを全巻でピックアップして、それで新しいストーリーをつくってしまいました。

子どもって、気に入ると同じ絵本を何度も読み返しますが、『バムとケロ』のように、いろいろな角度から2度も3度もおいしい絵本って、そうそうないのではないでしょうか。

この母娘の楽しみ方は、結局、読書へのアニマシオンに通じると思います。

つまりは絵本を読むときに、子どもがわくわくするような工夫をこらすことです。ちょっとした工夫で、子どもは絵本の世界にのめりこみ、目を輝かせて先に進もうとします。

小さいうちから、こんな体験をたくさんしていれば、誰でもきっと本が好きになりますし、自然に読解力もついてくるのです。

でも、その前に、「お母さんがどれだけ絵本を好きか」が決め手になります。

ただ子どもに読んで聞かせるというのではなく、自分でも絵本の世界を楽しむことができるお母さんなら、きっとうまくいきますよ。

リンゴの皮むきだけで、社会と算数の基礎ができる

ここで、もう一度、「先行体験」のことに触れてみましょう。もう少しステップアップした形の先行体験についてお話しします。

たとえば、子どものお手伝いでも、いろいろな先行体験ができます。

そうですね、簡単なものなら、おやつのリンゴの用意などいかがでしょうか。

まずは皮むきです。

「ほら、ママの皮はこんなに長くむけたよ。あなたは、どれくらいかな?」

と、皮むきをゲームにしてしまいましょう。

たったこれだけのことでも、子どもは夢中になります。

それに、リンゴの皮むきは指と手の微妙なコントロールが必要ですが、これがとてもよい脳トレになるのです。

指は「第二の脳」とも言われ、その動きは脳に直結しています。微妙に指を動かす

ことが、脳に効果的な刺激を与えるわけです。

皮をむきながら、こんな会話もいいですね。

「このリンゴさんは、どこで生まれたのかしら？」

「わかんない」

「スーパーで買うときに、値札に書いてあったのを見なかった？」

「ああ、そういえば、青森って書いてあったかな」

「そうね、リンゴといえば青森が有名ね。もう一つ有名なのは長野県よね」

こんな会話をしたら、おやつを食べながら地図帳を広げてみてもいいですね。

きっとリンゴの産地が、冬に雪が多い寒い地方だということに気づくでしょう。


さて、次はリンゴを切り分けます。

お父さんとお母さん、それに2人の子どもの4人で分けるとします。

まずリンゴを4等分に切ってみましょうか。

「これで4個だね。みんなのお皿に乗せてみようか。1人1個か、これじゃ少ないわね」

「もう少し食べたいよ」

「それじゃ、1人3個ずつ食べようか。あとリンゴを何個切ったらいいかな?」

こんな感じで、算数の割り算や分数の先行体験ができます。

もちろん、リンゴだけでなく、イチゴやミカン、サクランボでもできますし、ケーキやお菓子でもできますよ。

こうした先行体験がいっぱい経験できれば、学校での学習もどんどん吸収できるようになります。

算数脳を鍛《きた》えるには外遊びが大切

学校から帰ってきたら、ランドセルを放り出したまま即遊びに出て、夕方まで帰ってこないというお子さんはいますか？

以前は、そんなお子さんが、むしろ主流でした。

現在では、小学校低学年でも塾や習い事で大忙しですが、それでも、

「勉強しなさい！」

この言葉は、今でもお母さんたちの口ぐせです。

でもね、少なくとも小学校低学年くらいまでは、体をいっぱいに使った遊びは大いにさせてあげましょうよ。

「伸びる力」って、遊ぶことで意外と身についていくのです。

「花まる学習会」代表として知られている高濱正伸《たかはままさのぶ》さんは、『小3までに育てたい算数脳』（健康ジャーナル社）という本の中で、「算数脳に大切なのは外遊びだ」という趣

旨のことをおっしゃっています。

たとえば、最近の子どもたちは、ちょっとひねった文章問題が苦手だと言われます。高濱先生は、いろいろな方面からその原因を探っていき、結局、外遊びにたどり着いたそうです。

算数には問題把握《はあく》力や空間認知力などが欠かせませんが、このベースをつくっているのが体を使った外遊びなのです。

もちろん、遊びといっても、ゲームなどの室内遊びではありません。公園で山になった場所や狭い生垣《いけがき》の間を走り抜けたり、鬼ごっこをしたり。あるいは段ボールをそりの代わりにして、雑草の生えた土手を滑《すべ》り降りたり。

こんなちょっとした危険を伴う遊びが、脳によい刺激を与え、空間を認知する力や危険を回避する力がついていくのです。

「遊びは勉強の妨《さまた》げ」

とばかり決めつけるのは、やめましょうね。

習い事は母子で一緒にやってみると効果が上がる

遊びは、子どもの「伸びる力」をつけるというお話をしました。

遊びは体だけでなく、頭や生きる力の基礎体力をつくってくれるというわけです。

このことを理解している親は、それではと、子どもをサマーキャンプに入れたり、サッカーや野球、スイミングなどの教室に通わせたりします。

これはこれで悪いことではないのですが、遊びで一番大切なのは、「子ども同士の遊び」と「親子で体験を共有するような遊び」なのです。

たとえば、スポーツ教室や習い事などでも、母親が何でも一緒にやってしまうという方がいらっしゃいます。

その子は女の子ですが、ピアノを始めるとお母さんも同じ教室に通ってピアノのレッスンを始める。子どもがスイミングを始めたら、お母さんもスイミングを始めるといった具合です。

我が家でも次男が3歳になった頃から、家族5人で水泳教室に入り、「そうそう、バタフライって体力いるし、なかなか伸びないね」と、家族で話題が盛り上がりました。

そして小学生のとき、長女がバタフライで関東で一番になったときは、本人の喜びはもちろん、家族もその努力がわかるだけに、「よかったね」と心から賞賛できました。

習い事や教室は、親が一種の手抜きとしてさせるケースがありますが、まったくその逆です。

自分はできないのに、娘の習い事にあれこれと口を出すお母さんがいます。

おそらく指摘もとんちんかんだし、子どもにとっては邪魔以外の何ものでもないでしょう。これでは、子どもの力そのものを削《そ》いでしまいます。

さて、前述のお母さんの話です。

一緒にピアノを習い始めると、

「娘には負けていられないわ！」

「ママには絶対勝ってやる！」

そんなふうに母娘が競うように練習したせいでしょうね。娘さんのピアノの腕は、めきめきと上達したそうです。1年も経つ頃には、お母さんは「娘にはかなわない」と感じました。

そうなのです。この「体験を共有する」ということが大切なのです。

一緒に体験することで、

「あなたって、すごいわね」

と、母親は娘を評価し、一目置くようになります。娘は、これで自信をつけ、ますますレッスンに励むようになるのです。

ちなみに、この母娘の場合、スイミングも一緒にやっていましたが、こちらはお母さんが腕を上げ、今ではシニアの大会でかなりの成績を上げているそうです。

一方、娘さんは、ある室内楽団でピアノ奏者として活躍していると聞きました。

こんな方法も悪くないですよね。

好奇心は子どもの力の最大のエネルギー源

街や家の中でいろいろな不思議を発見するのもそうですが、「伸びる子」「できる子」にとって大切なベースになるのは好奇心です。

好奇心とは、「なぜ?」「どうなってるの?」という疑問から生まれる追究する気持ちです。子どもの力の最大のエネルギー源になっているのは、この好奇心です。

私の大好きな小説に、湯本香樹実《ゆもとかずみ》さんの『夏の庭』（新潮文庫）があります。

小学生のわんぱく3人組が、学校の帰り道、ある一人暮らしの老人の家に興味を持ち、「人が死ぬ瞬間を見てみたい」というところから物語は始まります。

これも子どもたちの好奇心です。

その好奇心をきっかけにして、子どもたちはさまざまな人たちと触れ合い、すっかり仲良しになった老人の死を悲しみとともに迎えるところで物語は終わっています。夏が終わる頃に、子どもたちは大きく成長をとげていたのです。

子どもは誰でも、あふれるほどの好奇心を持っています。

最近、子どもたちの好奇心がなくなったという方もいますが、それはなくなったのではなく、何かの原因で奪われているのではないでしょうか。

もともと人類は、好奇心の旺盛なサルの集団が、森を離れてサバンナに移動したことからその進化が始まったと言われています。

外の世界を恐れて森の中に暮らす臆病なサルたちの中に、未知の世界に対する好奇心を抑えきれなくなり、森を出て新天地へと向かった一群がいました。それが人間の祖先なのだそうです。

つまり好奇心が強く、未知のことを知りたいという欲求を抑えきれない動物。それがヒトという動物の本質なのです。

さて、今の子どもたちの好奇心ですが、屋外や家の中でいろいろな先行体験をしている子どもは、自然に好奇心が育っていきます。五感を通した体験が少なく、ゲーム機などで遊ぶことが多い子どもは、好奇心が薄らいできます。

また大切なのは、親の好奇心です。

以前、おもしろいことがありました。

小学校のちょうど同じくらいの学年の子どもを持つお母さんが二人いて、そのときに、こんな会話がありました。

「あら、西の空に黒い雲が出てきたわ、雨が降ってくるかもしれないわね」

「そうね、でもどうしてお天気って西から変わるんでしょうね？」

それからしばらくして、また同じ二人のお母さんとお会いしました。

私は前から一人のお母さんがとても好奇心が強く、わからないことや不思議に感じたことがあれば、すぐに調べる人だということを知っていました。

きっとお天気が西から変わる理由も調べたのではないかと訊《き》いてみました。

「あら恥ずかしいですわ。なぜそうなるのか知らなかったので、もちろん調べてみました」

やっぱりね、と私は思いました。

ちなみに、もう一人のお母さんは、あのときそんな会話があったことすら覚えていませんでした。

その後、二人のお子さんのどちらが学習面で大きく伸びたか、それは言うまでもありません。

Part 5

「話す」「聞く」には大きな力がある

「自尊感情」は伸びる子を育てる

伸びる子どもを考えるときに、とても大切なのは「自尊感情」です。

もともとは心理学の用語で、日常使う自尊心とは少し違います。別の言い方をすれば、「自分を大切にする気持ち」でしょうか。

「自尊感情」には、自己肯定感が欠かせません。そして自己肯定感には、「自分は愛されている」「大切にされている」という思いが必要になります。

こうした要素をベースにして築《きず》かれるのが、自信へとつながっていく自尊感情なのです。

この大切な自尊感情が日本の子どもたちにおいては、低いことがわかっています。

たとえば、ユニセフの調査でも、「居心地が悪く、疎外《そがい》感を感じる」という15歳の子どもの割合は、日本は最も高い約30％と、2位の国の約3倍にまで達しているのです。

これは点数主義の学校教育が原因のようですが、家庭での親の子どもに対する姿勢も問題のようです。

みなさんが毎日、子どもと接しているときの言葉を思い出してみてください。

子どもの自尊感情を傷つけ、やる気と自信を削《そ》ぐような言葉を連発していませんか？


たとえば、子どもがよく忘れ物をする場合、あなたならどう対応しますか？

「なぜ、あなたはいつもそうなの？　本当に何度言ってもわからない子ね」

という言い方になってはいませんか？

このような言い方ですと、子どもの伸びる力は育ちません。

「他にどんな言い方があるの？」

そんな声が聞こえてきそうですね。

他の言い方ですか？　ありますよ。

それでは、次のページから、子どもの「やる気」を引き出し、「伸びる力」を育てる、そんな魔法の対応を考えてみましょうか。

「なぜ」↓「何」、「あなた」↓「私」と言い換えてみよう

前のページで挙げた例を、もう一度書いておきましょう。

「なぜ、あなたはいつもそうなの？　本当に何度言ってもわからない子ね」

こうでしたね。

この例では、「なぜ」と「あなた」という言葉に注目してみましょう。

まず、「なぜ」です。

「なぜ、いつも平均点以下しか取れないの？」

「なぜ、言うことが聞けないの？」

「なぜ、前の日のうちに用意しておかないの？」

どうですか、いつも連発していませんか？

ここでちょっと自分を子どもの立場（言われる側）に置き換えて、考えてみてくだ

さい。

「なぜ、いつもワイシャツのクリーニングを忘れるんだい？」

「ワイシャツのクリーニングを忘れるのは、何か原因があるのかな？　一緒に考えてみようか」

あなたなら、どちらの言い方をされたときに、腹が立ちますか？

きっと最初のほうですよね。

「私だって忙しいんだから、忘れたって仕方ないでしょ！」となって、反省する気は起きませんよね。

後の言い方ならどうでしょう？　うっかりミスをしてしまうには、何か原因があるはずで、それを取り除けば大丈夫なのでは、と考えませんか。

子どもも同じです。

というより、言い方を変えるだけで、子どもの場合の効果は何倍もアップします。

もう一つのキーワードは、「あなた」です。

子どもに対する場合は、「おまえ」もあるでしょうし、名前で言うこともあるでしょう。

いずれも二人称という意味では同じです。

これを一人称、つまり「私」で置き換えてみましょう。

最初の例で言えば、こんな感じでしょうか。

「私はね、忘れ物をなくしてほしいの。だって、その場になってあわてるの、嫌でしょう？」

主語を「私」に置き換えただけで、ずいぶん感じが変わってくると思いませんか？

つまり、「あなた」という主語を使ってしまうと、どうしても詰問《きつもん》になってしまうのです。

主語を「私」にすれば、同じことを言っても、「私」の希望、お願いということになって、ずいぶん和《やわ》らぐのです。

厳しいしつけは、子どもの自立を損なう

「なぜ」→「何」、「あなた」→「私」の言い換えは、ただ単純に言葉を柔らかくするということだけではありません。

基本にあるのは、自分で考えたり、自分で行動したりすることを促すもので、つまりは自立のためのものです。

しつけは厳しくしなくては、という考え方は、今でも決して少なくありません。

厳しいことを許容する環境の中で、親が自分の感情をぶつけることを受け入れてしまうのです。

でも、これには大きな落とし穴があります。

子どもが小さければ小さいほど、親が厳しく言えば、子どもは言うことを聞きます。

でも、こうして育てた子どもには、「なぜ」→「何」、「あなた」→「私」の方法は、すぐに効果を発揮しません。

「まだ怖い口調になってないから、大丈夫」

と思っていても、結局は強く、厳しく言わないと、言うことを聞けない子どもになってしまっているのです。

そして、さらに小学校高学年、中学生と成長していくにしたがって、ますますお母さんの強制や脅《おど》しは通用しなくなってきます。

今、お子さんが中学生や高校生の親御さんなら、きっと誰でも経験していることでしょう。

「伸びる力」には、自分で考え、自分で行動する自立心がなくてはならないものですが、必要以上に厳しくしたり、自分の怒りをぶつけているお母さんは、子どもの自立の芽を摘《つ》んでいるのだということに早く気づいてほしいのです。

そして、できるだけ早い時期から、自立心を育てる語りかけの子育てをして、子どもの伸びる力を十分に育みましょう。

子どもが持っている力を引き出す親の話し方って？

たとえば、学校のテストの点数が良かったとき、あるいは良くなかったとき、あなたはどんなふうに子どもに言葉をかけますか？

「やったね。あなたは本当は、頭がいいのよ」

「何よ、この点数！　ダメな子ね」

こんな感じでしょうか。

頭ごなしに批判したり、子どもの自尊心を損なうような言葉がいけないことは、誰でも知っていますよね。

でも、子どもの伸びる力をつけるうえで、じつは「効果的なほめ方」と「そうではないほめ方」があるのです。

ある心理学実験で、テストの結果が良かったA、Bそれぞれのグループを、次のような言葉でほめます。

Aグループ「すごいね。みんな頭がいいね！」
Bグループ「よく頑張ったね」

1年後、あらためてテストをしてみると、Bグループはさらに成績が伸びたのに対して、Aグループは伸び止まったか下がったという結果になったそうです。

理由は何だと思いますか？

Aグループは、「自分は頭がいい」と思い、その結果、努力を怠《おこた》ったためです。

一方、Bグループは、「頑張ったね」とほめられたことで、「頑張ればもっとできる」と思い、努力を重ねた結果です。

考えてみれば、単純な話ですが、でも、「なるほど！」という示唆《しさ》にも富んでいます。

さて、このほめ言葉をもう少し深めてみましょうか。

テストで良い点数を取ってきたときに、

「すごいね。でも、○○君（ちゃん）の力はこんなものじゃない。本当は、もっとできると思うよ」

こんなふうに話してみたら、子どもはどう反応するでしょう。

おそらく、ほめられたという喜びだけでなく、「自分を認めてもらった」という喜びがあふれるはずです。

自分は、「これでいいんだ」と受け入れることを、心理学で「自己承認」と言いますが、子どもが自己を肯定し、伸びる力をつけるうえでは、とても大切なことです。

例を変えて、もう少し考えてみましょうか。

たとえば、子どもがピアノを習っていて、毎日一生懸命練習していたとします。

「毎日、頑張って偉いわね」

と言うのは、確かにほめてはいるのですが、裏を返せば、「頑張らないのはダメな子」ということにもなってしまいますよね。

「あなたのピアノの音を聞いていると、なんだかとても楽しいわ」

「あなたが頑張っているから、ママもお料理頑張ろう！」

こんなふうにちょっとアレンジしてみると、子どもの自己承認はもっと深まりますよ。

聞かない子どもに宿題をさせてしまう魔法の会話

みなさんのお子さんは、親が黙っていても自分から宿題をやりますか？

なかなか、そんなお子さんはいませんよね。

「何よ、まだゲームやってるの!?　早く宿題をやっちゃいなさい!!」

いつもの言葉が飛び出してしまいます。

でもね、これでは、言えば言うほど宿題をやらなくなってしまうことが多いのです。

こんなときは、子どもの「やろう」という気持ちを引き出す会話が必要です。

「今日は宿題あるの？」

「うん……」

「○○君は、どうするのかな？　あなたの考えを教えてよ」

「わかんない」

「宿題はいくつあるのかな？」

「2つ」

「課目は何？」

「算数と国語」

「やるとしたら、何からやる？」

「……………」

まず、ここまでで気づいたことがありますか？

一つは「ほんとにしょうがないんだから」などの否定の言葉を一切含んでいないということです。もう一つは、子どもが全然やる気配を見せず、言葉が続かなくても、とにかく何か言葉をつなぐこと。ここまでで重要なのは、この2点です。

そしてポイントになるのは、どうするのか、何をするのか、子どもに考えさせるということです。もう少し会話を続けてみましょうか。

「○○君、国語が得意だよね。国語からやってみようか！」

「……………」

「国語は何ページ分あるの？」

「3ページ」

「そうか、じゃ1ページやってみようよ」

「うん。1ページならいいか！」

こんなふうにリードしていきます。そこでスタートしてしまえば、後は簡単、あっという間に3ページ分が終わってしまいます。

よくあるシーンですが、子どもが学校から帰ってくるなり、

「どこに行くの？　遊びに行くなら宿題をやってからにしなさい！」

こんな言葉の代わりに、ときにはこんな言葉はどうでしょうか？

「そう、あなたが遊んでから勉強するって言うなら、任せるわ。元気いっぱい遊んでいらっしゃい」

もしかすると、「ママ、どうしちゃったんだろう？」と、子どもが気味悪がるかもしれませんね。でもね、「勉強してから遊びなさい」と言っても、子どもは遊びのことが気がかりで勉強に身が入らないということがあります。

遊んだ後なら、気持ちもすっきりして勉強に集中できると考えましょう。

それに、365日、いつも同じ小言ばかり言うのではなく、ときには子どもの意表をつく言葉を口にしてみるのも良い方法ですよ。

どんな失敗をしても、子どもの応援団長になれる母親

友達関係でも、学校生活でも、また勉強でも、子どもはたくさん失敗をします。この失敗をどう生かすか、それも伸びる力を育む大切な要素です。

小学校低学年の時期、習い事をしている子どもは多いと思いますが、たとえば、ピアノやスイミングなどでの進級テストで失敗するということもあるでしょう。

幼稚園くらいまでは、クラスでも習い事でも他の子どもと競うということは、あまり多くないかもしれませんが、小学校になると、いろいろな局面でそういうことが起きてきます。

「ダメじゃない、こんなテストに落ちるなんて。せっかくたくさん練習したのに意味なかったね」

こんなストレートな非難をする親は、多くはいないと思います。でも、内心はそう思っている親御さんは少なからず、いらっしゃるのでは？

特に、「うちの子は何をさせても優秀だ」と信じている親御さんは、いつでも自分の子どもがトップでなければ気がすまないという傾向があります。

その思いが、つい口をついて出てしまうのですが、そんなとき、子どもはどんな気持ちでしょう？

親が考えている以上に、こういうときの子どもは落ち込んでいるものです。

親の思いや言葉が子どもの心の傷を広げ、さらに傷つくことになってしまいます。

こんなことが重なると、失敗すると立ち直れないという心のパターンが出来上がってしまいます。

「今回は残念だったけど、ママはいつだってあなたを応援しているからね」

そう言って、ぎゅっと抱きしめてあげましょう。

子どもは、「一番になれ！」「人に負けるな！」と励まされるより、いいところもダメなところも含めたそのままの自分を認めてくれているんだと感じられることが一番の力になるのです。

ですから、たとえ子どもがどんな失敗をしても、いつも応援団長でいてあげてくださいね。

省略形の言葉ばかりでは、その子の世界を縮めてしまう

今は少ないかもしれませんが、かつては阿吽《あうん》の呼吸といって、夫婦の間で「ツー」といえば「カー」と答える言葉の少ないコミュニケーションが良しとされる時代がありました。

たとえばご主人が、たばこのケースに手を伸ばして、「あれ」と言えば、奥様がライターと灰皿を持ってくるといった呼吸です。

これは長年暮らした夫婦なら、言葉が少なくても意思疎通ができるということですが、少し違った意味で、最近の子どもたちの言葉も極端に短く、またパターンが定型化する傾向があります。

「それって、あれじゃない」

などと言う子どももいますし、

「マジ、うざい」

「ウケる」

否定と肯定のほとんどを、この二語ですましてしまう子どももいます。

こうした省略の多い表現は、家庭などの「仲間内」にコミュニケーションを限定し、他人の侵入を阻む性質があります。

最近の中学生や高校生、若い人たちの間で極端な省略語が流行のようになっているのも、その表れなのではないでしょうか。

でも、現在のように多様化し、複雑化した社会では、これは自分を縮めていくだけで生き抜く力にはなりませんよね。

みなさんは、「ロジカル・コミュニケーション」という言葉をご存じですか?

複雑化した情報社会の中で、それをどう整理し、相手に伝えられるかという能力のことで、今、企業などでしきりにその必要性が問われている事柄です。

こうした能力は企業社会の中だけでなく、もちろん学習の中でも求められています。きちんと物事を整理し、論理的に相手に伝え、コミュニケーションをはかっていく力は、今の日本で最も遅れている要素かもしれません。

言葉のしつけには、あえて意地悪質問をぶつけよう

もし、子どもが省略形の話し方をしたら、あえて意地悪質問を返すことも必要ですね。

そうですね、たとえばこんなふうに――

「お母さん、あれ、ある？」

「あれって、何？」

「ほら、いつもの、あれ……僕の大好きなもの」

「大好きなものがほしいのね。大好きなものって、いろいろあるでしょう？　ドラえもん？」

「ばっかじゃないの！　食べ物だよ。おやつ」

いつも学校から帰ってきたら、お気に入りのおせんべいをおねだりすることはわかっていても、ここはさらに意地悪質問を続けましょう。

「おやつの食べ物がほしいのね。でも、おやつの食べ物にも、いろいろあるわよ。あなたが好きなものだって、イチゴにシュークリームにそれとおせんべいかしら？」

「それ、それ、おせんべいだよ」

なんだか下手な漫才の掛け合いのようですが、こうしたトレーニングもときには必要です。

論理的に、誰にでも伝わるように話す能力は、これからますます必要になってくるのではないでしょうか。

さて、みなさん、例に挙げた親子のやりとりを読んで、何か気づいたことがありますか？

そうですね、子どもの言葉に対して、お母さんは、同じ言葉を使って返しています。

これも、とても大切なことなので、次の項目でお話ししますね。

オウム返しで、子どもの話をしっかり聞いてあげて

子どもの自主性や自分で考える力を身につけさせるうえで、大切なことの一つは、まず十分に子どもの話を聞いていくことです。

ほら、よくありますよね。子どもが1つ話したら、それに重ねるように3つも5つも話してしまうお母さん。あなたも経験がありませんか？

「今日、学校で○○君とケンカしちゃってさ」

「何よ、またケンカ？　いつも友達とは仲良くしなさいって言ってるでしょう。だいたい、あなたはね……」

こうして長々と始まってしまうお母さんのお説教。

子どもは、せっかく学校であった友達とのことをお母さんに話そうとしているのに、これではやがて何も話さなくなってしまいますよ。

子どもが何か話し始めたら、まずは子どもに話をさせてあげましょう。

できたら、子どもが発する言葉の一部をおうむ返しのように使って答えるといいですね。

たとえば、こんなふうかしらね。

「今日、○○君とケンカしちゃってさ」

「あら、○○君とケンカしちゃったの？」

「だってさ、昨日貸してくれるって約束していたのに、ゲームソフト貸してくれないんだもん」

「そうなの、約束していたゲームソフトを貸してくれなかったの」

「だから、○○君に、ウソつき！　って言ったら、怒っちゃってさ」

「ウソつきって言ったら、○○君が怒っちゃったんだ」

まぁ、こんな感じでしょうか。

じつは、これはバックトラッキングといって、心理カウンセリングでも、よく使われる手法です。簡単に言えば、オウム返しです。

心理カウンセリングは、何よりもクライアントの信頼を得ることが重要ですが、そのベースになるのが、この手法なのです。

バックトラッキングには、次の3つの方法があります。

① 相手の話した「事実」を返す
② 相手の話した「感情」を返す
③ 相手の話を要約して返す

この3つです。

親子の会話の例としてここに挙げたのは①の方法ですが、②の要素も大切です。あえて例の中で取り上げなかったのは、できるだけお母さんの側の言葉を少なくしてもらいたかったからです。

第一段階で、まず必要なのは、とにかく子どもの話を聞くということなので、感情表現までは踏み込まずに、単純に相手の話した事実を返すという点に限定しました。みなさんが実際にお子さんと話すときにも、最初はこの方法で行ってください。

そして、子どもに十分話をさせた後で、全体を要約したり、子どもの気持ちになって感情を返すという方法を追加してください。

「ベネッセ教育研究開発センター」が行った調査（2009年）では、「友だちのことについてよく話す」というのは、お母さんが相手の場合で、小学生50・3％、中学生37・1％、高校生30・2％、と5年前の調査と比べて話す機会が増えているようです。

もっとも相手がお父さんの場合は、平均して13・8％と低いものの、これも5年前からはアップしています。

このところ不況が続き、会社人間だったお父さんたちも、あらためて家庭を振り返るようになった結果かもしれませんね。

言うことを聞かない子に効くとっておきのワザ

最後に、もう一つ子どもに言うことを聞かせる、とっておきのワザをお教えします。

それは悪循環のループを断ち切ることです。

これでは、なんだかわかりませんよね。

みなさんも経験があると思いますが、いくら「宿題をやりなさい」と言っても聞かず、なんとかやらせようと親があれこれ手を尽くすと、ますます反抗的になる。そんなことが、よくありますね。

こういう状況のときの子どもの心理がどうなっているのか、わかりますか？

じつは、親が言えば言うほど、子どもは「安心」しているのです。

親は「まだ私のことを気にかけてくれている」「私を見限ってはいない」、そんなふうに安心しているので、少しも言うことを聞こうとしないわけです。

そして、言えば言うほど意固地《いこじ》になってしまう。

これが悪循環のループです。

これを解決する、一番簡単で手間のかからない方法は、そのループを断ち切ることです。


もう少し具体的にお話ししましょう。

たとえば、定番の問題で、いくら「宿題をやりなさい」と言っても聞かない場合を考えてみましょう。

まず突拍子《とっぴょうし》もない話からループを切ります。

「ママさ、この前、○○君のママととんでもない約束をしちゃったの。あなたが500メートルを15分で走れるから、見せてあげるって言っちゃったのよ。明日、走ってくれる？」

「じょうだんじゃない。そんなことできないよ」

「やってくれたら、宿題やらなくていいからさ。お願い、ママの顔を立てて！」

もちろん子どもは、断固嫌だと言い張ります。

「そうか。じゃ、ママあきらめるわ。明日、○○君のママに謝る」

「もうバカな約束しないでよ。頼むよ、ほんとに！」

子どもは、こんなふうに言って、たぶん勉強机に向かうのではないでしょうか。

つまり、「宿題やりなさい」「嫌だ」「やりなさい」という悪循環のループが、突拍子もない問題で断ち切られてしまうためです。

甘いですか？

うちの子は、そんなことでは言うことを聞いてくれない。そう思いますか？

それでは、こんな方法はどうでしょうね。

「あなたの気持ちは、よくわかったわ。もう絶対に宿題はやらないって、ママと約束してくれる？ ママ、そのほうがよっぽどすっきりするわ。いいわね、約束できる？」

「そんなの、嫌だよ」

「じゃ、今日だけでもいいわ。絶対に宿題やらないで。ママ、今まであなたを見放せなくて、いろいろ言ってきたけど、1回見放す体験をしてみたいのよ。ね、今日だけでいいから」

ちょっと強烈なカウンターパンチですが、効果ありますよ。

郵 便 は が き

おそれいりますが50円切手をお貼りください。

102-0071

東京都千代田区富士見一－二－十一
KAWADAフラッツ一階

さくら舎 行

住 所	〒　　都道府県		
フリガナ		年齢	歳
氏 名			
		性別	男　女
TEL	(　　)		
E-Mail			

さくら舎ウェブサイト　www.sakurasha.com

愛読者カード

ご購読ありがとうございました。今後の参考とさせていただきますので、ご協力をお願いいたします。また、新刊案内等をお送りさせていただくことがあります。

【1】本のタイトルをお書きください。

【2】この本を何でお知りになりましたか。

1.書店で実物を見て　2.新聞広告（　　　　新聞）
3.書評で（　　　　）　4.図書館・図書室で　5.人にすすめられて
6.インターネット　7.その他（　　　　）

【3】お買い求めになった理由をお聞かせください。

1.タイトルにひかれて　2.テーマやジャンルに興味があるので
3.著者が好きだから　4.カバーデザインがよかったから
5.その他（　　　　）

【4】お買い求めの店名を教えてください。

【5】本書についてのご意見、ご感想をお聞かせください。

●ご記入のご感想を、広告等、本のPRに使わせていただいてもよろしいですか。
□に✓をご記入ください。　□ 実名で可　□ 匿名で可　□ 不可

Part 6

その家の習慣から すべてが始まる

「おはよう」「ありがとう」「ごめんなさい」がすぐ出る親子

みなさんは、朝起きたら、たとえ家族同士でも、きちんと「おはよう」を言い合っていますか？

よく、「家族なんだから、いちいち挨拶《あいさつ》なんかしなくてもいいんじゃない。かえって水くさいと思うけど」、そんなふうに言う方がいます。

でも、家の中で、

「おはよう」

「おかえり」

「ありがとう」

が、いつも飛び交っているって、とても気持ちいいことだとは思いませんか？

これは気持ちがいいだけではなく、「家庭の教育力」にとってもとても大切なことです。

たとえば、ある教育誌では、家庭の教育力をチェックする要素の一つとして、「おはよう」「ありがとう」「ごめんなさい」が言えているかどうかを挙げています。

挨拶はコミュニケーションの大切な要素であるだけでなく、自分と他者との関係性をはかるうえでも大切です。

私の知り合いで、対照的な二人のお子さんがいました。

一人は女の子で、小学校のときから、道を歩いていて知り合いと出会うと避けるように道を変えたり、物陰に隠れるようにする子どもです。

もう一人は男の子で、近所の人に出会っても、いつも元気に挨拶をする評判の子どもです。

女の子のような例は、自意識過剰気味の神経質な子どもによく見受けられますが、これは自己と他者との距離感がうまくつかめないため、悪気はないのに、こんな行動になってしまうのです。

逆に、男の子の例は、自己と他者との距離感が適切に保たれている結果です。

このことは、その後の人生にも大きく影響します。

挨拶のできない神経質な子は、学校でもその後の社会でもコミュニケーションの輪を広げていくことが難しくなります。その結果、意識はさらに自己に閉じこもりがちになってしまいます。

もう一人の子は、どんどんコミュニケーションの輪を広げることで、多様な世界と接し、多くを吸収していきます。

こうした性格は、家庭の力で決まってくるのです。

まず親が、毎日元気に挨拶できるかどうか、そこが決め手になってきます。

さきほどの「家庭の教育力」をチェックする要素について、もう少しご紹介しておきましょう。

雑誌では、次の10項目を挙げています。

①（親が）自分も勉強していますか？
②約束は守れていますか？
③上から目線になっていませんか？
④子どもにだけゲーム禁止にしていませんか？
⑤「ありがとう」「ごめんなさい」は言えていますか？

⑥ パートナーを尊敬していますか？
⑦ 親の理想を押し付けていませんか？
⑧ 好奇心を持っていますか？
⑨ 子どもの人間関係に口出ししていませんか？
⑩ 不平不満や悪口ばかり言っていませんか？

（日本経済新聞出版社「ducare vol.9」より）

確かに「伸びる子」に育つには、大切な要素ばかりです。
この本でも、他の項目についても触れていきたいと思います。

伸びる子の25のチェックリスト

かつて「週刊ダイヤモンド」が「伸びる子の25のチェックリスト」というページを特集していました。

以下にご紹介する項目のうち、20以上のYESがあれば、その子は必ず伸びるとされています。

★伸びる子の25のチェックリスト

①□　睡眠時間は1日8時間前後である
②□　朝食はよほどのことがない限り食べる
③□　忘れ物はほとんどしたことがない
④□　電話の受け応えがきちんとできる

⑤□人に会ったらきちんとあいさつできる
⑥□いろいろなことに興味を持てる
⑦□本（マンガを除く）を読むのが好き
⑧□テレビは1日2時間以上見ない
⑨□親子や兄弟でよく話をする
⑩□上手に人の話が聞ける
⑪□計画的に自分で勉強できる
⑫□積極的に自分で勉強できる
⑬□自分勝手、わがままな行動はとらない
⑭□「ごめんなさい」と素直に言える
⑮□学校の授業をよく聞いている
⑯□外で友達と遊ぶのが好き
⑰□「なぜだろう」という疑問をよく持つ
⑱□テストを返してもらったら、どこを間違えたか点検をする
⑲□箸《はし》を正しく使い、食事ができる

⑳□　家の手伝いをする（そうじ、料理、おつかいなど）
㉑□　本やテレビの概要を人にわかるように話せる
㉒□　自分の勉強道具や遊具は、整理してしまっておくことができる
㉓□　友達と仲良く、（テレビゲーム以外の）トランプなどのゲームができる
㉔□　辞書・辞典・図鑑などをよく見る
㉕□　友達に勉強を教えた経験がある

以上の25項目です。

一つ一つの項目を見ると、これといって特別なものはありません。

でも、全体を見ると、大切な流れがあります。

ここまで書いてきた「親の日常」ができていれば、お子さんのチェックはきっと20以上になるはずです。

今までの復習をかねて、もういちど一つ一つの項目を見直してみましょう。

まだお子さんが小さい場合は、このチェックリストをぜひ将来のための参考にしてみてくださいね。

寝る子は成績が良い

「伸びる子の25のチェックリスト」の項目を、もう一度見てみましょう。最初に1日8時間という睡眠時間が出てきます。昔から「4当5落」などと言って、受験生は睡眠時間を削《けず》っても勉強するのが大事とされてきました。

そんなこともあってか、日本の子どもたちの睡眠時間は世界的に見ても短くなっています。

小中高生を対象にしたある調査では、深夜0時を過ぎても起きている小学生が、ここ15年間で4・5倍、中学生は2・7倍に増えているそうです。

でも、本当は、ちゃんと眠らなければ、学習効果は上がらないのです。

睡眠のメカニズムについて研究している脳科学者で小児神経科医の神山潤《こうやまじゅん》先生によると、小学校高学年（4〜6年生）の成績上位群の50％は、午後9時半前に就床していることがわかったそうです。

一方、成績下位群ではこの割合は20％に過ぎず、午後10時半以降に就床している者の中には成績上位群はいなかったという報告があります。

つまり、睡眠は子どもの能力と密接な関係があるということです。学習だけではありません。

3歳のときの就床時間が夜11時以降の子どもは、9時前に就床していた場合に比べ、小学校4年生の時点で1・5倍肥満になりやすいという調査報告もあります。

また、睡眠不足になると、感情をコントロールする役割を果たすセロトニンという神経伝達物質の働きが落ち、精神的に不安定になり、攻撃性や衝動性が高まるとも言われています。

親としては子どもの睡眠について、きちんとコントロールしてあげることが大切になります。

朝食抜きは脳の働きを減少させる

ひと頃、朝食をとらずに登校する子どもたちが増えたことが指摘され、また「孤《こ》食《しょく》」が問題になりました。孤食というのは、家族が一緒でなく、それぞれ一人で別々に食事をするということです。

最近、朝食抜きの子どもは減ってきたようですが、文部科学省の「全国学力・学習状況調査」（平成22年度）によると、朝食を食べないことがある小・中学生の割合は、小学校６年生で11％、中学校３年生で16％に達しています。

この調査は、朝食と学習の関係も調べていて、その結果、毎日朝食を食べる子どもほど、学力調査の平均正答率が高い傾向にあることがわかっています。

たとえば小学校６年生の場合、国語Ａでは毎日朝食を食べる子の正答率は84・６％であるのに対し、まったく食べない子の正答率は66・１％と、なんと20％近い開きがあります。

これは算数でも同じで、算数A、算数Bではともに20%以上の開きがあります。

中学3年生でも結果は同じで、いかに朝食が学習と深く関わっているかがわかります。


学習やエネルギーにとって、朝食がなぜ大切なのか少し考えてみましょうか。

脳は大量のエネルギーを使いますが、脳が使えるエネルギーはブドウ糖だけです。

しかも体はブドウ糖を蓄《たくわ》えられますが、脳は蓄えられません。

ですから脳を働かせるには、常に体から脳にブドウ糖を送らなければならないのです。


朝起きたときは、どうでしょうか?

朝起きたときの空っぽの体はブドウ糖がほとんどなくなっています。その分を朝食で補い、そこで作られたブドウ糖が午前中の脳のエネルギーになっているのです。

ですから朝食をとらないと、午前中は脳がしっかり活動してくれないということになります。

もう一つは体温です。

睡眠中は体温が下がり、心拍数も下がり血圧も低くなっています。また血糖値も低くなっていますから、当然、内臓や神経、脳の働きが低下した状態です。

朝起きたときに、しばらくボーッとしているのはこのためですから、ちゃんと目覚めるには血糖値や体温を上げなければなりません。

朝食をとることで、こうした機能が正常に働くようになるのです。

少し横道にそれますが、ダイエットのために朝食を抜くという方がいます。これは、栄養学的にはまったくの逆効果です。

一日の食事回数を減らすと、脳が危機意識を持ち、体に脂肪を蓄えようとするシステムを働かせます。

つまり、省エネモードの代謝となり、かえって太りやすい体質になります。

逆に朝食をとると代謝量が上がって太りにくい体質になり、肥満予防に効果があります。

「伸びる子」「できる子」の親は、こうしたことをきちんと知っておいてほしいですね。

「テレビを2時間以上見ない」ということの意味

「伸びる子」「できる子」の親とはどんな親なのかというテーマの一つとして、携帯電話やゲームについて考えてみましょう。

どちらかというと教育に熱心な親御さんほど、携帯電話やゲームを許可しないという傾向があります。

確かに、それぞれに問題点は多々あり、あまり安易に許可するのはどうかと思いますが、逆の問題点も、またあります。

さきほど「伸びる子の25のチェックリスト」についてご紹介しましたが、その中に「テレビは1日2時間以上見ない」という項目があったのを覚えていますか?

これはどういうことなのか、少し考えてみたいと思います。

「テレビは子どもに一切見せていない」

「家にはテレビがないんです」

数年前までは、そんなおうちもありました。

でも、今まったくテレビを見ないというおうちは、まずないと思います。

それにしても、なぜテレビが問題なのかといえば、ニュースでもドラマでもバラエティでも、すべてが一方通行的な受け身の情報だという点が第一ですね。

テレビの視聴に慣れてくると、思考も受け身になって自分から働きかけるアクティブな思考が少なくなってくる心配があります。それが子どもの知力に大きな影響を与えることは否定できません。

ですが、一方ではテレビを見ながら、家族みんなで話し合うコミュニケーションの機会となるプラスのポイントもあります。

つまりは上手にコントロールしながら、良い点を活《い》かしていければ、それが一番いいわけです。

「テレビは1日2時間以上見ない」

という項目には、そうした要素が含まれているのです。

つまり大切なことは、禁止したり、制限したりすることではなく、自分で自主的にコントロールするということです。

携帯電話やゲーム機で、「コントロール力」を育む

携帯電話やゲームにも同じことが言えるのではないでしょうか。

一般論を長々とお話ししても仕方がないので、具体的なあるご家庭のことを紹介したいと思います。

お母さんは、私の知り合いなのですが、現在、高校1年生になるお嬢さんがいらっしゃいます。お嬢さんは小学校のときから塾や習い事に行くときは携帯電話を使っていました。ゲームもポータブルの小さいゲーム機を買ってもらっていたそうです。テレビで使う大きなゲーム機を買ってもらったのは、中学2年生のときでした。

ちなみに小学校の友達で、成績の良い子はほとんどゲーム機を持っていなかったそうです。お嬢さんが通っているのは私立でしたが、中学でも親しい友達の中でテレビを使って遊べるゲーム機を持っている人は、ごく少数だったのです。

なぜ彼女の家ではゲーム機を許したのか、あるとき、お母さんに聞いてみたことが

あります。お母さんの答えは、こうでした。

「うちの子は、小学校のときから自分用のパソコンも持たせていました。両親とも家でパソコンを使うことが多く、古くなったパソコンを子ども用にしたのですが、携帯電話も、塾や習い事の行き帰りに必要だったのが大きな理由です。

でも一番の理由は、これから私たちが想像もできなかった情報機器やツールがどんどん出現してくると思います。それをただ禁止するだけでいいのかどうか、いずれそうした機器を使うようになるのなら、与えることによって自分でコントロールする力をつけていってほしい。そんな思いがあったのです」

それからお母さんは、次のようなこともおっしゃっていました。

「禁止したり、制限したりするのは、結局、親の押しつけです。勉強しなさい、目指す学校はここであそこなどと決めてしまうのと変わりがないのではないでしょうか。今でも、それが正しかったのかどうかわかりません。ただ、もう一つ、私は、この子だったら、きっと自分でコントロールできるようになると信じていました」

つまりお子さんを信頼し、子ども自身に委《ゆだ》ねたというわけです。

ゲームから始まって「歴女《れきじょ》」になったお嬢さん

前の項でご紹介したお嬢さんの話の続きです。

テレビを使って遊べるゲーム機ですが、彼女が大好きなのは「戦国BASARA《バサラ》」という戦国時代の武将が登場するソフトです。私自身は、よくわからないのですが、相当熱中していたようです。

おもしろいのは、そこから先で、ゲームに熱中した結果、当然、戦国時代の武将たちに興味を持ち、やがてゲームそのものとは関係のない戦国時代の武将について書いた本を読んだり、わからないことやもっと知りたいことがあれば、パソコンで調べたりしてどんどん知識を蓄積していったようです。

「こと戦国時代については詳しいこと！　私はもちろん、父親もびっくりしているほどです」

と、お母さんは言います。

休みの日には、近くにあるお城や城跡を訪れ、一人で興奮しているそうですから、もはや立派な「歴女」かもしれません。

埼玉県の行田市《ぎょうだ》にある忍城《おしじょう》というところを訪ねたときは、そこが『のぼうの城』（小学館）という小説のモデルになっていると知り、今度はその本を買ってきて読みふけっていたそうです。

「いくら戦国時代のことに詳しくなっても、学校の勉強には全然役立たないんですけどね」

お母さんは苦笑いします。

でも、これって大変な成果です。

今すぐストレートには学校の勉強に役立たないかもしれませんが、必ず大きな力になって効果を発揮するときがくると、私は思うのです。

Part 7

「生きる力」は ちょっとしたことから

奇跡に近い「私たちの生命」を感じることができますか？

みなさん、自分の誕生について、思いを巡《めぐ》らせたことはありますか？

たとえば、自分の父と母が、あのとき、あの出会いをしなかったら、自分は生まれなかったのかもしれない……とか。

その思いをもう少し、先まで巡らせてみましょうか？

つまり父母の父と母、つまり両方のおじいちゃんとおばあちゃんもまた、偶然の出会いから父母を生んだ。これを10代ほどさかのぼって考えると、なんと1000人を超える人たちの偶然の上に成り立っていることがわかります。

そういうふうに考えると、今、あなたがこの世に生きているのは、ほとんど奇跡という以外ありませんね？

ほら、みなさん、よく家系図になっている形がありますよね。

まず、あなたの上に父と母がいて、父と母それぞれの上に、またそれぞれの父と母がいてという、あのトーナメント表を逆にしたような図です。一度、あの形をお子さんといっしょに描いてみてください。

そして、1代前は2人、2代前は4人というように数字を書き込んでいってみましょう。10代さかのぼると、おそらく1024人になると思います。

できたら、もっとどんどん先までさかのぼってみましょう。

やればやるほど、命の不思議を感じられると思います。そして、子どもたちも自分の命がどんなに貴重なものか実感するのではないでしょうか。

自己肯定感の低い子どもたちが増えているという現状。

「自分なんか別に必要ない」

そんなふうに感じている子どもが少なからずいるのです。

親子の関係だけではなく、命というものを、もう一度見つめ直すことは大切なことですね。

子どもを「自分仕事」のプロにする

幼稚園のときはともかく、小学校になると親の中に「勉強」という意識が強くなってきます。そんなときに陥りがちなのが、「子どもの仕事は勉強。勉強が一番大事」という考え方です。

ほら、たとえば夕食の支度をしていて、子どもが手伝いをしたいと言ったとします。

「いいわよ。あなたには、ちゃんと勉強してほしいのよ」

こんなふうに答えてしまうお母さんはいませんか？

そうでなくても最近の子どもたちは、塾や習い事で超多忙です。

「ベネッセ教育研究開発センター」が行ったアンケート調査（２００８年）によると、90％の子どもたちが塾か習い事に通い、別の調査では４人に１人が２つ以上の習い事をしているそうです。

学校はもちろん、毎日決められたことを、ただこなしていくだけで精一杯です。

でも、だからこそ、自分から関心を持ち、何かをやってみたいという気持ちは、より一層大切なのです。

私自身も、3人の子どもたちを育ててきましたが、仕事を持っているということもあって、子どもたちはずいぶん協力し合って、家庭生活を送ってきました。

たとえば、週末に上履《うわば》きを持って帰ってきて、月曜日には洗ったものをまた学校に持っていきますが、女の子も男の子もすべて自分のものは自分で洗いました。

最初のうちは、上手に洗えないで、ずいぶん汚れが残っていることもありましたが、幼稚園に通っているときに、しっかり親子で練習して洗っていたので、

「靴が汚れていたって死ぬわけじゃないわ」

と、私はノータッチ。半年も経つ頃には、みんな靴洗いの「プロ」になっていました。そして、ブラシからシューズハンガーまで、靴を洗うのに便利な道具を自分で見つけてくるようにまでなったのです。

靴を洗うという単純な仕事のまわりには、いろいろな工夫や知恵がたくさんあって、それをどのように見つけ、どう使うかを知ることで、子どもたちは学校の勉強以上の勉強をしていました。

どんな小さな仕事でも、それが子どもの自信とやる気を育てる

私の子どもたちの場合は、たまたま親である私の都合で「自分仕事」をやるようになったのですが、伸びる子のベースをつくるうえでは、「自分仕事」が、とても大切だと思っています。

もう一つ、実例を挙げてみましょうか。

私の知り合いに、翻訳の仕事をしている20代後半の女性がいますが、彼女は子ども時代、「おトイレ掃除」のプロだったそうです。彼女の家庭では、子どもたちは何か一つ家族が本当に必要とする仕事を受け持つというのが決まりでした。

彼女の場合は、トイレとお風呂洗いが自分の仕事でした。

トイレは多少手抜きができますが、家族が毎日入るお風呂はサボるわけにはいきません。家族も当然、彼女がやってくれると思っていますから、責任重大です。

たとえ定期テストのときであっても、中学受験の直前であっても、欠かさずに実行

したと言います。

「冬は大変でしたけど、自分の仕事だと思えば、嫌だとは思いませんでした」

そうなると、本当にお風呂とトイレに関しては、一家のお母さんと同じで、ほとんどプロです。お風呂洗いの洗剤やたわし、シャンプーや入浴剤も、いろいろ調べて、家族の意見も聞いて、自分が最終的に決めるようにもなりました。

「少なくともお風呂とトイレに関しては、自分が家族みんなを背負っているんだと思うと、責任感も湧《わ》いてきますし、いろいろなことに自信がついたような気がします」

そんな彼女は、学校のトイレ掃除も自らすすんでやるようになり、それが友達の信頼を得るうえでも役立ったそうです。

ちなみに、この女の子、初めはあまりぱっとした成績ではありませんでしたが、中学後半くらいからメキメキと力をつけて難関大に合格。イギリス留学を経て、現在は有能な翻訳者として活躍しています。

どんな小さなことでもいいのです。小学生になったら、男の子でも女の子でも、毎日必ずする「自分仕事」を一つ担当させてほしいですね。

それが「学ぶ力」「伸びる力」の大切な土台になっていくのですから。

これからの子どもたちに必要なのは「生きる力」

「勉強のほうが大切だから」

と、家の仕事を一切手伝わなかった子どもたちのケースもいくつか知っています。

私が知っている範囲でいえば、確かに有名進学校に進み、有名大学に入学するまではいいのですが、その後については必ずしも良い結果をもたらしてはいないようです。

どんな結果かといえば、言われたことはよくこなしていても、自分で考えながら創造的に仕事をすることが難しくなるのです。

これでは本当の伸びる力は育ちませんよね。

「伸びる力」は、「生きる力」と言い換えることができます。

この「生きる力」、じつは小学校では平成23年4月から実施されている新学習指導要領でも重視されています。

――新しい学習指導要領は、子どもたちの現状をふまえ、「生きる力」を育むという理念のもと、知識や技能の習得とともに思考力・判断力・表現力などの育成を重視しています。
これからの教育は、「ゆとり」でも、「詰め込み」でもありません。
次代を担う子どもたちが、これからの社会において必要となる「生きる力」を身に付けてほしい。そのような思いで、新しい学習指導要領を定めました。（後略）
（文部科学省ホームページより）

世界を含めて社会は今、大きく変動しようとしています。

一度入ったら生涯安定した生活ができると思われていた大企業でも、リストラの嵐は吹きすさびますし、ときには倒産ということがないわけではありません。

世界でも、さまざまな国が、財政破綻に陥る危険をはらみながら動き、世界経済は、日本経済にも深刻な影響を及ぼします。

そんな危機的な状況の中で、これからは知恵を発揮して生きていく力が求められているのです。

「生きる力」の達成度を知る28の項目

「生きる力」とは何なのか、もう少し具体的に見てみましょうか。

① いやなことは、いやとはっきり言える
② 人のために何かしてあげることが好きだ
③ 先を見通して、自分で計画が立てられる
④ 暑さや寒さに負けない
⑤ 誰にでも話しかけることができる
⑥ 花や風景などの美しいものに、感動できる
⑦ 多くの人に好かれている
⑧ 人の話をきちんと聞くことができる

⑨ 自分のことが大好きである
⑩ ナイフ・包丁などの刃物を、上手に使える
⑪ 自分から進んで何でもやる
⑫ 嫌がらずに、よく働く
⑬ 早寝早起きである
⑭ 自分勝手なわがままを言わない
⑮ 小さな失敗をおそれない
⑯ 人の心の痛みがわかる
⑰ 自分で問題点や課題を見つけることができる
⑱ とても痛いケガをしても我慢できる
⑲ 失敗しても、立ち直るのがはやい
⑳ 季節の変化を感じとることができる
㉑ 誰とでも仲良くできる
㉒ その場にふさわしい行動ができる
㉓ 誰にでも、あいさつができる

㉔　洗濯機がなくても、手で洗濯できる
㉕　前向きに、物事を考えられる
㉖　自分に割り当てられた仕事は、しっかりとやる
㉗　体を動かしても、疲れにくい
㉘　お金やモノのむだ遣いをしない

これは筑波大学の橘直隆《たちばななおたか》教授のグループが作った「生きる力」を具体的に評価するための項目です。

おもしろいですよね。

この本でも、今まで触れてきた内容と同じ項目がずいぶんあります。

身の回りのことができると「生きる力」がアップする

この「生きる力」が何によって育まれるのか、それを知るための実験的なプログラムがあります。

文部科学省から委託された「青少年自立支援事業」の一つで、国立妙高《みょうこう》青少年自然の家の「キャンプとお手伝いの旅〜『やらせ』から『自立』へ」というプログラムです。

具体的には、電気も水道もガスもない山の中のキャンプ場で2週間のキャンプ生活を送る中で、子どもたちに、どう「生きる力」が育ってくるかを調べた実験です。

この中で、子どもたちは炊事や洗濯はもちろん、テントの中の整頓《せいとん》や食事材料の調達まで、すべてを自分たちの手で行います。さらに川遊びや昆虫採集などの遊びは、それぞれのグループごとに自分たちで考えて決めるのです。

それだけではありません。キャンプの途中では、畑仕事を手伝ったり、染め物体験をしたりもします。

この生活の中で、子どもたちの力がどのくらいついたか、評価、分析しています。

評価の方法は、前に挙げた28の項目、前頭葉《ぜんとうよう》の働きを調査する脳テスト、さらに、カウンセラーによる観察記録の3種類を用いています。

調査は、キャンプが始まったときと中間、最終日の3回行われ、その結果が集計されていますが、驚いたことにどのテストでも、2回目、3回目と回数を重ねるごとに、成績がはっきりとアップしているのです。

つまり身の回りのことを自分で行い、仕事を手伝うことは、大きな効果があるということです。

もし、子どもが「料理を手伝いたい」と言ったら、絶好のチャンスです。

ぜひ、いっしょに料理を楽しんでください。

「お手伝いはいいから、勉強しなさい」

そんな反応をしてしまう親は、子どもの力を育むことができなくなります。

どんなことでも、「したい」という気持ちは何より大事です。

その芽を摘《つ》まないであげてくださいね。

チャイムのない学校が目指す「自主性」

私の知り合いの娘さんが通う学校には、チャイムがないそうです。

チャイムがないのは、外から行動を促されるのではなく、自ら時間を管理して自主的に行動できるようにという考えからだそうです。そのため授業が始まる時間になって、どっと教室になだれ込むということがないそうです。

先生も生徒も、あとどのくらいで授業が始まるかということを意識して、毎日の予定を進めているということですね。

そういえば、その学校では、さまざまな連絡事項は、すべて校内掲示板に貼り出され、生徒がそれをメモするというシステムになっていて、連絡事項に関するプリントなどはないそうです。

つまり生徒たちは、自分で意識して掲示板を見なければ、いつも忘れ物ばかりということになってしまいます。これも人から行動を促されるのではなく、自主的に行動するためのシステムだということです。

なかなか考えられた学校だなと感心しますが、これは家庭にも言えることではないでしょうか。そうですね、家庭の中でのチャイムといえば、

「宿題はちゃんとやったの？」

「いつまでテレビを見ているのよ！」

「明日の用意はできているの？」

「忘れ物はない？」

朝から寝るまで続くお母さんの指示のチャイムです。お母さん方に言わせれば、「黙っていても、きちんとやってくれれば誰も言いたくないです。黙っていたら、ちゃんとやらないから、仕方なくあれこれ言わざるを得ないんです」ということになります。

それではうるさく言えば、きちんとやるようになるでしょうか？

きっと同じですよね。

お母さんのうるさすぎる指示と、子どものだらしなさの追いかけっこ。さぁ、どうしましょうね。

芽生えを焦《あせ》らないで「自主性」の種まきを

あるとき、知り合いのお母さんから相談を受けました。

「あまりうるさく言っても仕方がない。自主性を育てるために、ただ黙って見ていることにしようと決めたんです。1年間、勉強をしなさいとも言いませんでしたし、いくら部屋が汚くても片づけるように指示したこともありません。それで1年経ってみたら、なんだか息子の状態が以前よりひどくなっているような気がして……これでよかったのかと、今、焦っているんです」

そんなお話でした。

どうしたらいいのか、アドバイスを差し上げる前に、もし本当に1年間、何も言わなかったとしたら、そのお母さんの忍耐に感心していました。

1年間、あれこれ指示の言葉を発しないで続けることは、普通のお母さんには簡単にできることではありません。

「きっと息子さんは、自分のことを信頼しているから何も言わないでくれているんだと受け取っていると思いますよ。信頼されていると感じることは、自信につながり、やがて行動に表れてくると思いますよ」

私は、そんなふうに答えました。

ポイントは、何も言わずに黙っていることそのものではなく、子どもへの「信頼」なのです。

信頼が伝われば、子どもは必ず、自分で判断し行動できるようになります。

でも、先ほどのお母さんは不安そうです。

息子が以前より良くない状態になっているようで心配なのです。

結局、これも信頼ですよね。

親が、ダメかもしれない、自分のやり方が間違っていたかもしれない、と感じていれば、それはマイナスのイメージとして子どもに伝わります。

「それでは、以前と同じようにうるさく指示をしていたら、息子さんは変わったでしょうか?」

私は、逆に聞いてみました。

ことによると、一見、「言うことを聞く」という良い状態に見えるかもしれません。

でも、その先に待ち受けているのは、指示されなければ何もしない、指示されたことしかできない、いわゆる「指示待ち人間」でしょう。

自分で考え、自分で道を見つけ出すことができなければ、社会では役に立ちませんし、本人の人生経験の積み重ねもできません。

こんな若い人が増えているのは、小さい頃からずっと口やかましく指示され、それに従ってきたための弊害です。

結局、一番大切なのは、子どもの自主性を育てることです。

あまりうるさく指示をしないのは、そのための種まき。

やがて小さな芽が出て、青々とした葉が茂るまでじっくり待ってみましょうよ。

Part 8

認める姿勢が子どもの力になる

13年を経てアメリカから届いた奇跡の手紙

新しい章を始めるにあたって、平成24年のお正月にいただいた、あるうれしいお手紙について、お話しししますね。

それはアメリカ在住のある日本人主婦からのお手紙でした。

「私は大学院生の息子を頭《かしら》に、6人の子どもを持つ母親でございます。去年の10月、長男がイギリスの大学院に進学したのを機に、息子の部屋を娘たちに使わせようと整理をしていたところ、思いがけないものを見つけました。

それは平成11年、当時11歳だった息子の詩とそれに対する金盛先生の感想が掲載された読売新聞のコピーでした。

おそらく息子は、うれしくて大事にとっておいたのでしょう」

手紙は、そんな書き出しから始まっていました。

見知らぬ方からのお便りで、私も最初は何だろうと思いましたが、読み始めてすぐに、13年前のことを思い出していました。手紙の中にある「詩」とは、当時の「読売新聞」に掲載されていたもので、アメリカ在住の11歳の少年が書いたものです。

「海よりも深い愛情」

海より深い愛情は
親の愛情
でもそれより深い愛情は
親の愛情にこたえようとする
子どもの愛情

そんな詩でした。
詩の下には「早産で生まれた双子（妹たち）をガラス窓越しに見て、この詩を思い浮かべたそうです」と添え書きがありました。
その1ヵ月後、私は「読売新聞」のメディア時評で、この詩について触れた文章を書きました。

「『家庭とくらし』のページに掲載された『子どもの詩』への投稿作品が鮮烈だった。うれしくも思った。鮮烈というのは、〈子どもの愛情は親よりも深い〉と見抜いているところだ。実際、親子間の愛情は、そのどちらが深いか重いか論じられる性質のものではない。しかし、ひたすら生きようとする赤子の姿に、愛の本質を深く感じ取る感性が貴いのである」

そんなふうに書いたときの私は、この少年とその家族の事情を知る由《よし》もありませんでした。

ところが、10年以上も経ってからいただいたお手紙には、その当時のご家族のことが詳しく書かれていました。

手紙は私信でもあり、プライバシーに関わることでもあるので概略しかお話しできませんが、その方は、3人目の子どもを死産してしまい、その後、双子の姉妹を未熟児で出産し、毎日祈るような思いで保育器を覗《のぞ》いていらっしゃったそうです。

そのとき、11歳のご長男が書いたものが、ここにご紹介した詩です。

学校を退学、どん底にいた劣等生を変えた力とは？

手紙のことで、私が伝えたいことは、送ってくださったお母さんもさることながら、じつは当時11歳だったご長男のことです。

これも主婦からの手紙に書かれていたことですが、少年は、当時、さまざまなトラブルの末に学校を退学になり、不良仲間と悪さを繰り返す毎日だったそうです。

少年は退学になった学校とは別の日本人学校に週末だけ通っていましたが、日本人駐在員の優秀な子どもたちが集まるこの学校でも、ほとんど落ちこぼれ。教師から、「テストで彼に負けたら事件だからな」と言われるほどでした。

アメリカでもダメ、日本人学校でもダメ、どんなに頑張ったって、自分の居場所はないとどん底にいたときに、双子の妹が未熟児で生まれ、その詩を書いたのでした。

そして、詩について感想を書いた私の文章が新聞に掲載されたのを見て、彼は日本人学校から帰ってくるなり、新聞記事のコピーを掲げて叫んだそうです。

「僕の詩が日本のすっごく偉い先生に評価されたんだよ！」

たぶん学校では、文章の上手、下手を評価するだけですが、私は新聞の文章で愛の本質を感じ取るその感性を評価しました。

そのことが、彼にとって大きな喜びだったのでしょう。

彼が、もし、ごく平穏に暮らしていたら、おそらく親の愛にこたえようとして保育器の中で必死に生きている妹たちの本当の姿が見えなかったかもしれません。

彼自身が、どん底の中で愛にこたえようとしてもがきながら必死で生きていたからこそ、見えたものなのではないでしょうか。

そんな自分をわかってくれる人がいる！　それもアメリカからはるか遠い日本で。

それが支えになり、彼の人生は大きく変わっていったのです。

日本では中学にあたる新6年生になると、彼はすべてに積極的になり、成績もアップ。翌年には数学のコンテストで全米1位になったというから驚きです。

それだけでなく、彼は数学の苦手な少年の家庭教師を頼まれ、わずか3ヵ月で少年の成績をAプラス（日本の5段階評価の5以上）に達成させました。

驚いた両親が、いったいどんな教え方をしたのかと彼に尋《たず》ねると、

「何も特別なことはしていないよ。もともと彼（少年）に数学の才能があっただけで、僕はただ〝君は数学がよくできるね〟、そう言ってほめただけだよ」

そう答えたそうです。

「息子は、金盛先生に詩をほめていただいた感激が忘れられず、同じことを、家庭教師をしていた少年にしてあげたのではないでしょうか」

と、その手紙にはありました。

そして、主婦から手紙をいただいた年、彼は十数年間、私の文章が載《の》った新聞記事のコピーを大切にしまっておいた家から、イギリスの大学院留学へと旅立っていったのです。

遠く離れた見ず知らずの人間であっても、その力を評価する言葉は、これほどまでに人間を変えてくれるものなのですね。

思いがけないお便りでそれを知ったことは、私にとっても感動的な出来事でした。

「愛」の本質とは何か？

この章で、最初にアメリカ在住の主婦からのお手紙のことをご紹介したのは、「愛」の本質とは何かということを、とてもシンボリックに教えてくれているな、そう感じたからです。

私は、ずいぶん前から、お話や文章の中で「愛」という言葉を使ってきました。人が幸せに生きるうえで、何よりも大切なものだと信じているからです。

でも、愛の本質をつかみ取るのは簡単なことではありません。

愛って、そもそも何でしょうか？

みなさんは、どんなふうに考えられますか？

子どもへの愛

親への愛

好きな人への愛
自分への愛

どれも愛ですが、本質の愛とは少し違うと思います。

たとえば、「子どもへの愛」を考えてみましょう。

生まれたばかりの頃の赤ちゃんを抱いたり、眺めたりしているときの幸せや慈《いつく》しみの心は、確かに本質的な愛に近いものです。

ここで人は愛の本質を体感しているはずなのですが、その愛は子どもの成長とともに、だんだんと変質していきます。

子どもを思いどおりに動かそうとしたり、自分が決めた枠で子どもを縛りつけようとする「しつけ」や「教育」が始まります。

多くの親が、こうしたしつけや教育を「子どものため」と思い込んでいます。

でも、よく考えてみてください。それは、じつは親の見栄やエゴのためで、結果的に子どもの生きる力を奪ってしまっていることが少なくありません。

ですから、私はよくお母さんたちに、「赤ちゃんだった頃のお子さんを思い出してください。そのときの自分の心を思い出してください」と話します。

愛の本質とは、生きようとする力を慈しむ心だからです。


それでは、「自分への愛」は、どうでしょうか?

子どもが心のトラブルを抱え、親としての自分に自信を失ったお母さんたちのほとんどは、自分への愛が足りません。

私がそんな指摘をすると、否定する方が少なくありません。

「私は昔から、自分を大切にしてきたし、母親になってからも、夫や夫の両親に〝よく頑張るいい嫁〟とほめられてきました。自分が好きだから、誰にも負けたくないのです」

そんなふうに反論される方がいます。

でもね、これはしょせん、子どもに対するのと同じように自分にタガをはめて縛りつけているだけで、自分を愛しているのとは少し違うのです。

子どもがトラブルを抱えたときこそ、「愛」が必要なとき

子どもが大きくなってくると、今までにぶつかったことのないさまざまなトラブルに遭遇《そうぐう》することが少なくありません。すでにお子さんがこの年齢になっているお母さん方なら、きっと思い当たることがあるはずです。

学校でいろいろな問題を起こす。
学校に行きたがらない。
友達関係がうまくいかない。
成績が落ちてきた。
親をバカにするようになった。
——etc.

そんなとき、みなさんは、きっと自信をなくして悩まれると思います。
「私の育て方が間違っていたんだわ」

そんなふうに考えて落ち込んでしまうお母さんがいます。

今までカウンセラーとして、そんなお母さんの声をたくさん聞いてきました。

「どう間違っていたと思いますか?」

私が質問すると、多くの方がこう答えます。

「いっそもっと厳しく育ててくればよかったのに、中途半端になってしまいました。それが間違っていたのではないかと思うんです」

間違っていたから、それでは明日から子どもの声をもっときちんと聞いて、それから自分自身も振り返ってみよう……そんなふうには思わないのです。

そうです、こうしたトラブルが起きたときこそ、愛が必要なときなのですよ。

もう一度、アメリカ在住の主婦のお手紙を思い出してください。

当時11歳だった長男が、何を得て、どんなふうに変わったか?

仲間の誰よりも劣等生だった少年が、数学のコンテストで全米1位を取るまでに変えたものこそ、本当の意味の「愛」だったのです。

素の自分自身を抱きしめられる親

「愛」にはいろいろなものがあります。「自分への愛」も、その一つです。

じつは、子どもの力を伸ばしていくのに、この「自分への愛」は、とても大切です。

前のアメリカからの手紙でもお話ししたように、愛とは命への慈しみです。

みなさんの命もかけがえのないもので、自分自身の命を慈しんでこそ、子どもへの愛、または他者への愛が育まれるのです。

でもね、子どもへの愛は惜しみなく注いでも、肝心の自分への愛が欠けている人、たくさんいますよ。

子どもを育てるときに、自分への愛なんて関係ないと思いますか？

じつは大いに関係があるのです。

たとえば、みなさん、子どもがいろいろなことを思い通りにやってくれないときに、どう感じますか？

「もっと、ちゃんと努力して勉強ができるようになってほしい！」

「自分の身の回りのことは、きちんと自分でできるようになってもらいたい」

「どうして、○○ちゃんよりダメなの！」

——etc.

そんな言葉が頭をよぎるとき、みなさんは子どもを誰と比べていますか？

お友達の○○ちゃんですか？

自分が描いた理想の子ども像ですか？

それとも自分自身の子ども時代ですか？

「あなたは、子ども時代、そんなに優秀な子どもだったんですか？」

ときどき、お母さん方に聞いてみると、こんな答えが返ってきます。

「いえ、私は優秀じゃありませんでした。だから私みたいになってほしくないんです」

みなさんも、心当たりがあるかもしれませんね。

こういう言い方をするお母さんは、自分に自信がなく、自分への愛が十分ではありません。

もっと自分を好きになれる方法

自分に自信がなく、何か問題があるたびに、「私の子育てが間違っていたのかも」と不安になるお母さんは、子どもに厳しいハードルを突きつけます。

なぜかと言えば、

「こうやっていれば、私ももっと素敵な女性になっていたのに……」

という理想化した過去の自分と、子どもとを比較しているからです。

勝手に作った理想像と比較してお尻を叩《たた》かれたのでは、それこそ子どもはやってられませんよね。

もっともっと、自分自身を愛してほしいのです。

大した努力もしてこなかったし、現在だって、ドジは多いし、ダメなところがいっぱい！　そんなふうに自分のことを感じているお母さん！

よーく見れば、そんなダメなところばかりの人なんていません。どんな人だって、素敵なところがあれば、ダメなところだってあるのです。

自分を愛することができるようになる方法をお教えしましょう。

まず、ダメだと思うところを紙に書き出してみてください。

次に、いいと思うところを紙に書き出してみてください。

朝の仕事が一段落したところでもいいですし、夜、寝る前でもいいですよ。それを毎日、続けてみてください。

きっと、最初のうちはダメなところばかりがいっぱいで、いいところがなかなか思いつかないかもしれません。

ダメなところを読んで、自分で自分をハグしてあげましょう。

いいところを読んで、自分で自分をハグしてあげましょう。

不思議なことに、毎日続けていると、だんだんいいところが増えてきます。すると、少しずついい気持ちになってきます。

「な〜んだ、私だって、けっこういいところあるじゃない！」

そう思えるようになったらＯＫです。その気持ちのまま、自分をハグしましょう。

翌日から、きっと表情が明るく変わっていきます。

あなたも「仲直りチョコ」を使ってみませんか？

自分が好きになると、たとえばご主人に嫌味《いやみ》を言われても、以前ほどはカチンとこなくなります。

子どもに何か間違ったことを言ったり、したりしたときは、

「さっきは、ごめんね。ママが悪かったわ」

そんなふうに素直に謝ることができるようになります。

間違ったことをしたときに、素直に謝ることができるお母さんを、子どもは信頼します。お母さんが自分を信頼してくれていると感じることもできます。

そのお互いの信頼が子どもに自信と力をつけてくれるのです。

そういえば、前にお話ししたアメリカからのお手紙の件。じつは、ちょっとした後日談があるのです。

突然のお便りをいただいた後、私からお返事とささやかなプレゼントを贈ったのですが、それに対して、また先方から返事が届きました。

返事の中身は、私の手紙に対するお礼でしたが、手紙と一緒にかわいいチョコレートが入っていたのです。

手紙によると、彼女がひそかに「仲直りチョコ」と名づけているそうです。

どうして仲直りチョコかというと、子どもたちを叱《しか》りすぎたかなと感じたとき、でも、今さら謝るのも照れくさいので、

「ちょっと下に降りてきて、チョコでも食べない？」

そう声をかけるときのチョコだというのです。

ちょっぴりほろ苦い味をかみしめながら、食べ終わったときは、親子ともに笑顔が戻っている不思議なパワーのあるチョコのようです。

たくさんの感動をいただいたアメリカからのお手紙でしたが、これもまた素敵なチョコのお話でした。

Part 9

日常生活から勉強する気が育つ

勉強はにぎやかに楽しくやるべし

親の指示の中で一番多いのは、子どもがいくつになっても、やはり、

「宿題やったの？」

「勉強しなさい」

これですね。気持ちはわかるのですが、いくら繰り返しても、それで子どもが勉強するようになったという話は聞いたことがありません。

最近の調査では、いわゆる勉強ができる子がどんな子かというと、一つは「リビングなど親がいる場で勉強している子ども」、そしてもう一つ、これは昔から変わらないのですが、「親から勉強しろと言われたことがない子ども」の二つです。

簡単な要素ですが、ここにはいろいろなヒントが隠されています。

まず、勉強する場所、環境です。

ひと昔前までは、子どもが小学校入学という年齢になると、親は必ず勉強部屋と勉

強机を用意したものです。ところが最近は、少なくとも小学校の間は、勉強はリビングでというケースが増えているようです。

これは、何を意味しているのでしょうか？

ここには二つの要素が隠されています。

一つは、親や兄弟がいる場ということ。もう一つは、さまざまな雑音がある場所という点です。そうですね、子どもにとっての勉強は、何の音もしない、一人だけの部屋よりずっと効果的だということです。

勉強は、親がつきっきりで見てあげる必要はありませんが、疑問やわからないことにいつでも対応できる環境は、とても大切です。

子どもにとって、「一緒にやっている」という感覚が重要なのです。

昔流に言えば、テレビを見ながらの勉強なんてとんでもないということになりますが、ときにはそんな勉強だってありです。

もちろん、テレビに気を取られて勉強のほうがおろそかになってしまうことだってあるでしょう。でも、そんな中で集中できる方法を、子どもは自然に身につけていくものなのです。

「勉強の内容が難しくなってくると、当然、家庭学習が大切になってきますが、それには、まず勉強をする習慣をつけること。私が教えている子どもの中には、CDの音楽を流して踊りながら文法の活用を覚えていた子どもがいます。習慣づけるためには、むしろ思いつく限りのことをやってみるべきです」

というのは、ある学習塾の先生に聞いたお話です。

ときには、マイナス面もあるかもしれませんが、楽しく勉強するというのは、とても大切なことです。

「勉強しなさい、宿題はやったの?」

という言葉を繰り返しているお母さんたちは、勉強を楽しいことと思っているでしょうか。むしろ、嫌なこと、つらいこと、苦しいこと、と感じているのでしょう。

でも、そんな嫌なこと、つらいことを子どもが進んでやるでしょうか?

そんなはずがありません。

だとしたら、もっと勉強を楽しいもの、うれしいものと感じられるようにしてあげましょう!

掛け算は、物を使った具体例で遊んでみましょう

小学校の算数で習う、掛け算と割り算。すぐにのみ込めない子どももいます。

「3×5は15でしょう。九九でやったから覚えているでしょ！」

頭から覚えればいいという言い方は、子どもの考える能力を削《そ》いでしまいます。

まだ掛け算を習い始めたばかりの子どもなら、具体的なもので親が一緒にやってあげるのもいいですね。

たとえば、あめ玉と紙袋を用意して、一つの袋にあめ玉を3つずつ入れ、同じ袋をいくつか用意しておきます。

「あめ玉が3つ入った袋が2つあるわね。あめ玉を出してみようか？　あめ玉はいくつあるかな？」

「全部で6つだよ」

「そうだね。それじゃ、今度は袋が3つあるよ。あめ玉は全部でいくつかな？」

「9つ」

「そうだね。それじゃ、袋が5つになったら、どうなるかな?」

このあたりまでくると、子どもは意外に乗ってきます。

「ママは15だと思うよ」

「ええ! じゃ数えてみるね。ほんとだ、15個ある。ママ、どうしてわかったの?」

「掛け算をやったのよ。3×5で15でしょう」

「ふーん。でもさ、掛け算やらなくても袋からあめ玉を全部出せば数えられるよ」

「そうだったね。でも、あめ玉が3個入っている袋が50個あったら、全部数えるのは大変だよね。やってみる?」

「うーん。大変だから、やんない」

「そうだよね。でも掛け算でやると3×50は150って、すぐわかるんだよ。掛け算って、同じ数でくくられたものが何個かあったら、中身の数は全部でどうなるかっていうことがすぐわかる魔法の計算なんだよ」

こんなふうにママが一緒に遊びながら教えてあげると、勉強に興味が湧《わ》き、のみ込みも良くなりますよ。

ゼロってすごい！子どもの気づきをほめてあげて

掛け算を習い始めて半年くらい経った頃、子どもがこう言ってくるかもしれません。

「ママ、ゼロってすっごい強いよね」

「ええ？　ゼロって数字の0のこと？　どうして？」

「だってさ、掛け算ってどんな数字だって掛けると別の数字に変わるでしょ。でも0だけはどんな数字だって、みんな0にしちゃうんだよ。すごいと思わない？」

なるほどね！　と思わず感心してしまうことがあるかもしれませんよ。

そして、子どもは、さらに言うでしょう。

「でもさ、どうして0にどんな数をかけても0になるのかな？」

さて、みなさんは答えられますか？

ただし、「それは、そういう決まりなの」というのは良い答えではありません。

こんなときは、まず、こう答えてあげましょう。

「すごいね、○○君！　いいところに気づいたね。掛けてるのに、みんな0になっちゃうのって不思議だよね」

まず、そんなふうに、気づきをほめてあげてください。

それから、こんなふうにフォローしましょう。

「前にあめ玉と紙袋で掛け算のことを考えたことがあったでしょ。あれを使って、どうして0に何を掛けても0になるのか、自分で考えてみようか？」

しばらく時間が経ってからでもいいですし、別の日でもいいです。その結果を話し合ってみましょう。

「掛けるっていうのは、袋にあめ玉がいくつ入っているか、その袋がいくつあるかで計算するんだったよね。それじゃ、あめ玉が何も入っていない袋を置いてみようか。2つ袋があっても、袋の中のあめ玉は0個なんだから0×2＝0だよね。3つ袋があっても同じだね。じゃ5つ袋があったら、どうかな。袋の中身がないんだから、やっぱり0だよね。これで0に何を掛けても0ということがわかったでしょう」

こんなふうに説明してみてはいかがでしょうか。

「これで0×X＝0とわかったけど、それじゃ、X×0はどうなの？」

そんな質問が出そうですね。

その場合は、あめ玉が3つ入った袋を用意し、まずそれとは別の袋を1つ置き、3×1＝3を認識させましょう。

次に、何も袋がない状態にして、袋に3つのあめ玉が入っていても、どこにも袋がなければあめ玉は0個だということを認識させましょう。

袋にあめ玉を5個入れようが、10個入れようが、そこに袋がなければ全部出して数えることもできない。

つまり0であると気づかせましょう。

町や暮らしの中にある不思議を探検しよう

どうですか？　掛け算について、いろいろなケースを考えてみましたが、みなさん、「へぇ、おもしろいな！」と思われましたか？

ここでお話ししてきたことは、あくまで子どもから勉強の土台となる好奇心を引き出すための方法です。

それには、まず、お母さんやお父さん、親自身が興味を持つことが大切です。

みなさん自身が、「へぇ、おもしろいな！」と感じなければ、子どもだって感じません。

たとえば、みなさんは、街の中で何かに疑問を抱いたことがありますか？

マンホールの蓋《ふた》は、どうしてまるいのか？　ビルのガラス窓を見ていると、赤い三角形のマークがついている窓があるのに気づきますが、あれは何？　そんな疑問です。

子どもと買い物をしていたときに質問してみましょう。

じつはマンホールの蓋がまるいのには、ちゃんとした理由があります。円の直径はどの部分でも長さが等しいので、たとえ穴に対して垂直にしても、中に落下することは絶対にありませんよね。これが正方形や長方形の蓋だったら、角度によっては落ちてしまうことがあります。それに、まわりが欠けやすいこともあります。

これがマンホールの蓋がまるいことの理由です。

ついでにお話ししておくと、ビルの窓にある赤い三角形のマークは、火災が起きたとき、外部から入って消火活動をするための非常用進入口を示す目印です。この入り口は、31m以下で3階以上の階に設けることと、建築基準法施行令に定められているそうです。

家の中だって、いろいろな不思議がありますよ。

たとえば、時計の針はどうしてみんな右回りなのか？　三角定規《じょうぎ》の真ん中にまるい穴が開いているのはなぜ？

まずお母さんが、暮らしの中からたくさんの疑問を見つけ出してください。

そして子どもに疑問を投げかけてみましょう。

そのうちに子どもも、いろいろな疑問を見つけ出すのが上手になります。

そして、まず自分でその理由を考えてみましょう。

最後に、正しい理由を調べてみましょう。図書館の百科事典を調べてみてもいいですし、インターネットで調べてみてもいいですね。

ちなみに、時計の針が右回りになっているのは、大昔、日時計を使っていたときの名残だそうです。

人類の歴史は、北半球から始まったと言われています。北半球では、太陽は東からのぼって、南側を通って、西に沈みます。

このとき、日時計の針は、太陽の陰になる西から北を通って、東の順に回っています。つまり右回りだったのです。

この形が今の時計に残されているということのようです。

さて、三角定規の穴は、退屈なときに、鉛筆を通してクルクル回すため？

まさかそんなことはありませんよね。

これは、みなさんのレッスンのために残しておきましょうね。子どもと一緒に楽しい会話をはずませてみてください。

ナンバープレートだって教材になる

街や家の中には不思議がたくさんありますが、歩いていても車などに乗っていても、遊びながらできる勉強の材料がたくさんあふれています。

知り合いのお母さんで、こんな街の中の勉強材料を見つける名人がいました。

たとえば漢字なら、交差点の標識に出てくる地名。歩いていても、車に乗っていても、「あれは、何て読むかな?」とお母さんの質問が飛びます。

びっくりしたのは、小学校4年生の娘さんが「甕《かめ》」という難しい字を読めたことです。これは、よく通る土地にこの地名があり、何度か繰り返しているうちに読めるようになったそうです。

漢字だけではありません。道路には、よく「○○メートル先右折」とか「××キロ先信号左」などといった案内が表示されています。

「2キロ先ってあるけど、2キロって何メートルだっけ?」

というふうで、これも勉強材料になります。

まだまだあります。道路沿いのお店には外国語で書かれた看板もたくさんあります。薬を売っている店には「drugstore」、ワンちゃんやネコちゃんがいるお店には「pet shop」「kennel」などの文字がありますし、「supermarket」「restaurant」などの文字もよく見かけますよね。

小学校でも英語が必修になったので、暮らしの中の英語に慣れておくのも大切です。

アメリカの大リーグで活躍しているイチロー選手は、子どもの頃、動体視力《どうたいしりょく》を鍛《きた》えるためにすれ違う車のナンバープレートを読み取る訓練をしていたそうです。それができるようになったら、今度は見たナンバーを瞬時に足したり引いたりして算数遊びをしていたといいます。

すれ違う車はちょっと難しいかもしれませんが、乗っていて信号などで止まったとき、前の車のナンバープレートが目に入ります。これでも、いろいろな算数遊びができます。

この遊びをすると、前頭葉《ぜんとうよう》が刺激されて脳のトレーニングになるので、車で移動することがあったらぜひお試しください。

車のナンバーは、54‐33というように4桁《けた》の数字でできています。これを足したり引いたり、掛けたり割ったりして遊ぶこともできます。一番単純なのが足し算で、この例の場合でしたら5＋4＋3＋3＝15です。前の2桁の数字から後の2桁の数字を引くという方法もあります。この例の場合は、54－33＝21です。もちろん、この場合は、答えがマイナスになることもあります。

ナンバープレートを使った遊びで一番ポピュラーなのは、4つの数字を足したり、引いたり、掛けたりして10にするというゲームです。先ほどの54‐33なら、3×3＋（5－4）＝10になります。信号待ちくらいの時間では、ちょっと難しいかもしれませんが、渋滞でのろのろしか進まないときにはちょうどいいかもしれません。

でも、みなさん、くれぐれも忘れないでいただきたいのは、ここでお話ししたゲームは「遊び」だという点です。

こういうお話をすると、「それはいいわ！」というので実行されるお母さん方は多いのですが、つい必死でやりすぎてしまうという方が少なくありません。一生懸命すぎて、子どもがうんざりしてしまうようでは逆効果です。

基本は、楽しく遊ぶこと！

どうして学校に行って、勉強しなくてはいけないの？

中学校・高校時代は、本格的な高校受験や大学受験を控えて、子どもたちはナーバスになりますし、親も心が痛む時期になってきます。

また小学校時代と違って、学習面での評価にもはっきりと差が出てきます。

そんな時期を迎えるにあたって、とても大きな問題を考えてみたいと思います。

なぜ勉強をするのか？

どうして学校に行って、勉強をしなくてはいけないのか？　の問題です。

私自身、まだ子どもが小さかったときに、この質問を投げかけられたことがあります。

「なぜかしら？　お母さんは、今でも勉強しているけど、あまりなぜ？　ということを考えたことはないわ。ただ、したいのよ。何か知りたいことが出てくると、それが何なのか知りたいのよ。だから勉強するの」

そんなふうに答えた記憶があります。

こういうと勉強大好きな優等生のように聞こえますが、そうではありません。ただ好奇心は、とても強く、学ぶことはそれほど苦ではありません。

現在は、世間から「おばあちゃま」と呼ばれる年齢ですし、実際に孫も4人いますが、かつての好奇心は少しも衰えていません。

もし今、孫に同じ質問をされたとしたら、私は、やっぱりこう答えるでしょう。

「私はね、知らない外国語の勉強をしたいと思うし、宇宙っていったいどうやってできているのかしらって考え始めると、それを知るために本を開いたり、あれこれ調べたくなるの。しなければいけないからじゃなくて、したくなるの。だから勉強するのよ」

長男は、小学生の頃、こんなことを言っていました。

「勉強は強いて勉めると書くので、なんかつらいと思ってしまうんだよね。勉強は楽しいことなんだよ」

「地球は本当はギュッと拳《こぶし》を握《にぎ》ったような形なんだって、丸いと言われているけどね。そんなことを知りたいと思って、僕は勉強したほうがいいと思ってしてるよ。でも、勉強はやっぱり嫌だよね」

「僕は、勉強ではなく研究をしたいと思っているんだ」

と勉強に対する彼の考えを話していました。

子どもや孫がその答えで納得するかどうかは別として、私自身の「勉強」に対する思いは伝えることができるのではないでしょうか。

昔、「なぜ山に登るのか?」と問われた登山家が、「そこに山があるから」と答えたのは有名な話ですが、それにちょっと似ているかもしれませんね。

studyの語源は、「目を輝かせる熱意」

では一般論として、勉強はなぜ必要なのでしょうか？

勉強は英語で「study」と言います。学校で勉強する生徒は「student」ですね。studyもstudentも語源はラテン語のstudiumに由来しているという説があります。このラテン語の意味は「情熱」「熱意」です。つまり熱い意欲をもって取り組むのがstudyであり、studentなのです。

そのstudentが集まる学校は、英語でschoolと言いますが、この語源は古代ギリシャ語のschole（スコレー）です。意味は「ゆとり」「暇」ですが、これは何もしないでいる時間という意味ではありません。

古代ギリシャでは、貴族などの富裕層は労働を奴隷に任せ、自らは議論や研究に時間を費やしたり、音楽や芝居を楽しむことができました。これが「ゆとり」なのです。

つまり勉強ができるというのは大変貴重なことだったわけです。

今の日本では、「学校なんかなければいい」「勉強なんかなければいい」と思っている子どもたちがたくさんいることでしょう。

でも、現代のこの世界でも、勉強をしたくてもできない、できたら勉強をしたいと思っている子どもたちが大勢います。食料さえ満足に得ることができず、また生活のために小さいときから家の手伝いをしなくてはならない子どもたちです。さらに戦争や内戦で、とても学校どころではないという子どもたちもいます。

みなさんもテレビなどで見たことがあると思いますが、こうしたところに小さな小屋のような学校ができると、子どもたちは目を輝かせて勉強しています。

schoolが子どもたちに最小限の「ゆとり」をくれているのです。

なぜ子どもたちは目を輝かせて勉強しているのでしょう?

ある子は、現状の貧しさから脱出するためでしょうし、またある子は戦争や病気で命を落とした肉親に代わって人の命を救う医師や看護師になりたいという希望を持っているからなのです。それなのに日本の子どもたちは、この幸せな環境にあって、なぜ目が輝かないのでしょうか?

キラキラと輝く好奇心を削《そ》いでいるもの

じつは勉強について、とても興味深く読ませていただいた文章があります。京都の「北白川《きたしらかわ》幼稚園」の園長で、京都工芸繊維大学で英語を教えていた山下太郎《やましたたろう》先生の最終講義です。

「勉強とはなにか」と題したお話で、幼稚園のホームページに掲載されていて、読む機会があったのです。

その中で山下先生は、とても興味深いことを話されています。

——一方、「幼児」、「子ども」という言葉についてですが、日本語では「大人」と区別して「小人」と書く場合もありますね。大人は文字通り「大きな人」という意味です。

ところがラテン語では「子ども」のことをリーベリーといいます。英語のリバティー（自由）の語源で、「何にもとらわれない自由な人」という意味です。

とても示唆《しさ》に富んでいる言葉ですね。

幼稚園の子どもたちを見ていると、みんな生き生きとしています。

さまざまなものに好奇心を持ち、何だろう？　どうして？　と感じると、まっしぐらにそれに向かいます。

まさに、「何にもとらわれない自由な人」です。

この輝きが、どうして成長とともにだんだん消えていってしまうのでしょうか？

これについて山下先生は次のように話されています。


――小学生にせよ、中学生にせよ、生徒たちから好奇心を奪うのは簡単です。

5段階の評価や試験の成績（良くても悪くても）の重要性を強調していけば十分だと思います。

あるいは、冒頭でお話しした司馬遼太郎《しばりょうたろう》氏のエピソードのように、「そんな馬鹿な質問をするな！」と一喝《いっかつ》すれば、一瞬にして可能です。

学校で勉強すればするほど、生徒たちは「試験に出る内容が重要なこと」で、「試験に出ないことは無駄《むだ》なこと」と考える癖《くせ》がつくのではないでしょうか？

幼児の頃に誰もが持っていた好奇心は学年が上がるにつれて、みるみるうちに萎《な》えていくのです。

この話の中に出てくる司馬遼太郎氏のエピソードというのは、中学時代に英語の教師に「ニューヨークってどういう意味ですか」と質問し、「そんなバカな質問をするな！」と一喝されて以来、英語が嫌いになったという経験談です。

好奇心にあふれ、何にもとらわれない自由な人のキラキラと輝く目は、いったい誰が、そして何が削いでいるのでしょうか？

Part 10

親の生き方を見せる

お父さんにも母親代わりができる!

ここ数年、積極的に育児に参加するお父さんたちが増えてきました。「イクメン」などという言葉が流行語になっているほどです。

育児に関わるすべてのことを抱え込み、ときにはうつ状態になってしまうお母さんたちが多いことを考えると、父親の育児参加は大きなサポートになります。

でも父親が子育てにかかわる意味は、それだけではないのです。

ここ数年、育児に及ぼす父親の影響が、今まで考えられていたものよりずっと大きいことが、さまざまな研究で明らかになってきました。

たとえば、子どもの信頼感と自信のベースになる愛着は、これまで主に母親がかかわることによって築《きず》かれるとされてきました。

ところが最近の研究では、愛着は父親によっても築かれることがわかったのです。

女性は妊娠して子どもが生まれると、「プロラクチン」というホルモンを分泌します。プロラクチンは、妊娠中は乳腺を発育させ、出産後は母乳の分泌を促します。

ところが、カナダのアン・ストーレー教授らの研究で、母性を象徴するこのホルモンが父親でも増加することがわかってきました。

プロラクチンは、子どもに強い愛着を感じることで分泌されますが、子どもが生まれるのを待っている父親の血中濃度も増加するというのです。

また、おもしろいことに男性の象徴とされる「テストステロン」というホルモンは、赤ちゃんが生まれて数週間の父親では3分の1に減少することもわかったそうです。

つまり、お父さんだって、赤ちゃんの母親代わり（？）ができるということですね。

父親の育児参加が多いほど、子どもはしっかり育つ

父親の育児に関わることの影響は、もっと別の面からも研究結果が出ています。たとえば、アメリカの厚生省は2006年、「子どもの健全な成長における父親の重要性」と題する報告をしました。

それによると、幼少期に父親との接触時間が長いと、子どもは感情をコントロールできるようになり、成長してからの社会性が高まるとされています。

10代になってからの、いわゆる「キレる」という問題やうつも減少し、問題行動も少なくなるというのです。

こうした研究は日本でも行われていて、赤ちゃんのときから父親が育児に関わっている度合いが高いほど、子どもが3歳になった時点での社会性は確実にアップするのだそうです。

ただ興味深いことに3歳を過ぎると、その違いは小さくなってしまうそうです。

赤ちゃんのときに父親の語りかけが多いと、3歳の時点での言語力が高くなるということが、アメリカの研究でも明らかになっています。

しかし、この場合も、3歳を過ぎてからは違いが明確ではなくなってくるそうです。おそらく3歳というのは、ちゃんと「ありがとう」と言えるかどうか、人のものを使うときは「かしてね」と言えるかどうかなどの社会性や言葉に、個人差が多く出る時期だからではないでしょうか。

今後、父親の育児参加がもっともっと増えていってほしいものです。

実際、タレントなどの有名人や地方都市の首長などが、育児休暇をとって育児に専念するというケースは増えてきています。

厚生労働省が発表した2011年度雇用均等基本調査によると、男性の育児休暇取得率は2・63%。前年度比1・25ポイント上昇で、過去最高なのだそうです。

もっとも育休先進国スウェーデンの78%、ノルウェーの89%と比べれば、あまりの差にちょっと愕然《がくぜん》としてしまいますが。

父と子の共有体験をつくろう
体に焼きつく

親子で遊びの共有体験をするという場合、お父さんの役割も大きくなってきます。

子どもと遊ぶというと、「じゃあ、ディズニーランドに行こうか」とか、「遊園地に」ということが多くありませんか？

でもね、テーマパークや遊園地のベンチでお父さんだけが昼寝をしているという光景、見たことがありませんか？

いくら家族サービスでも、これではちょっと悲しいですね。

親子の関係がどうもあまりうまくいっていない、というような場合、父子が遊び体験を共有することで改善されるケースがあります。

一番いいのは、釣りとかスケートとか、親が得意としていることで一緒に遊ぶことです。

たとえば釣りだと、父親が器用に針に糸を結んだり、仕掛けを作っているのを見ると、子どもは例外なく、「へぇ!」と感心します。

そして次々に魚を釣り上げる父親の姿を見直すのです。

こうして密度の高い時間を一緒に過ごした体験を、子どもはいつまでも覚えています。

プラモデルを作ったり、キャンプなどで野外料理を楽しむのもいいですね。

一緒にディズニーランドに行って、ベンチで寝ている父親を見るより、上手に火を起こして、魚をさばき、串焼きにする姿を見せることで、子どもは間違いなく、父親を尊敬するようになります。

サマーキャンプなどに預けたり、テーマパークに連れて行くことばかり考えているお父さんは、少し考え直すことも大切ですよ。

親子にとっての試練「中1ギャップ」

「中1ギャップ」という言葉をご存じですか？　小学校を卒業して中学生になったときに、今までと異なる世界に戸惑い、さまざまなトラブルにぶつかることです。

それをきっかけに不登校やいじめの問題につながることがありますし、優等生だった子が急に学力を落とすなどの形で現れることもあります。

子どももいろいろな問題にぶつかるのですが、親もまた小学校のときには起きなかったような悩み事が増えてきます。

特に男の子の場合、母親にとっては最も難しい年齢です。

つい、この前までは「ママ」と甘えていた子が、急によそよそしくなり、むっつり黙り込んでいるかと思えば、急にイライラし始めたりということも起きてきます。

それに声変わりもしてくるし、ひげなども生えてきて、母親としては「男臭くなっていく息子」が、なんだか別の生き物に見えてくるかもしれません。

ちょうどこの頃は第二次性徴期《せいちょうき》にあたり、陰毛も生えてきますし、男の子は体がたくましくなり、女の子は女性らしい丸みをおびてきます。また女性は生理が始まり、男性には精通があります。

お母さん方が、子どもの性的な成長に戸惑いを覚えると同時に、子どもたち自身も不安と戸惑いの中にいます。生理的な変化が、心に及ぼす影響も少なくありません。

この時期の男の子の特徴として、性的な欲望に罪悪感を持ち、それが母親に対する姿勢に表れます。急に話をしなくなったり、つっけんどんになったりするのは、そのためなのです。

もう一つ、この時期で重要なのは、幼児期や少年期にどう親子関係がつくられてきたか、その結果が問われる時期でもあります。

十分に甘えることができ、きちんと愛着（アタッチメント）が築かれてきて、自己肯定感と自信が育まれた子どもなら、意外なほどスムーズに乗り切ることができますし、不十分なら、この時期に大きな問題となって表れます。

そういう意味では、子育ての総決算と言えるかもしれません。

子どもがしゃべらなくても、親はしゃべって！

このような難しい時期の子どもにとって、最大のポイントは「自立」です。それまでは親に依存しながら、指示を受けて行動すればよかったものが、自分自身で考え、行動することを自らに課します。

そのプロセスがスムーズにいけばいいのですが、この時期の子どもは動揺の激しい葛藤《かっとう》の中にいます。

肉体的にもそうですが、精神的にも「もう子どもじゃない」という意識と、「大人でもない」という意識の間で迷い、葛藤し続けています。

急激に自立を求めるようになりますが、やはり依存と自立の葛藤の中で、ときには矛盾に満ちた行動をとったりもします。

何かを聞いても、

「別にぃ……」

と、にべもない返事しか返ってこないからといって、

「ほんとにかわいくないわねぇ！　なら勝手にしなさい」

と突っぱねてしまうこともありますよね。

でもね、子どもはそんな態度と裏腹《うらはら》に、心の中では親に何か言ってもらいたいと思っていたりするのです。

この時期、子どもが矛盾したことを言ったり、したりしても、それをつくことは控えましょう。

まずは、大人になろうとして格闘《かくとう》している子どもを静かに見守ってあげましょう。

それと、子どもがしゃべりたがらないからといって、親のほうがそれに合わせる必要はありません。

たとえば、いくら言っても部屋が散らかり放題。なんとかしてよ！　という状況のとき、今まででだったら、「いい加減、部屋を片付けなさい！」と一喝《いっかつ》すれば、なんとかなってきたかもしれません。

でも、中学生・高校生の思春期では、そう簡単ではありません。

言えば言うほど反発しますし、決して言うことを聞いてはくれません。

でも、だからといって何も言わずに突き放してしまうと、子どもは不安になるのです。

「きれいにしなさいとは言わないわ。でも、汚くしているのは、健康にも良くないし、私も気分悪いので、きれいにしてくれたらうれしいんだけどな」

そんな感じで話してみてください。

その他、服装のことなども、親が何か言ってはいけないということはないのです。もし、男の子が妙に長い学生服を着たり、ベルトを腰の下でとめたりしていたら、また、女の子がとても短いスカートをはいていたりしたら、状態にもよりますが、親の意見は言ってみましょう。

「お母さんは、好きじゃないなぁ。それに、あなたには似合わないと思うの」

「そんな恰好《かっこう》やめなさい」ではなく、親の思いを伝えましょう。

信じて任せることも親の役割

前にお話ししたように、思春期は子育ての総決算であり、自立を確かなものにしていく大切な時期です。そして親にとって、大切なことは親子間の適切な距離を確立することではないでしょうか。

親子といえども、子どもは子ども、親は親でそれぞれ別人格です。小学生くらいまでの時期は、親子の心理的な距離がかなりせばまっていますが、思春期にまでそれが続くと、子どもはきちんと自立して大人へと成長していくことができません。

この距離に表される境界線を、心理学では「バウンダリー」と言います。

お互いに別な人格がそれぞれ自立するには、親子の間で「子どもは子ども、親は親」というバウンダリーをしっかりキープする必要があります。

一つ具体的な例をお話ししましょう。

私の知り合いで、娘さんが中2の夏休みに、3週間の海外の短期研修をすることになりました。私立の学校で希望者を募《つの》っての行事でしたが、その主要な目的は語学研修というより、自立心を確かなものにするということでした。

娘さんのお母さんの話を聞いていて、おもしろいなと思ったのは留学そのものではありません。３週間ですから、かなりの期間で持ち物もたくさんあります。母親がそのための荷造りを手伝おうとしたら、娘さんは断固として拒否したそうです。

結局、お母さんは一切手を出さないまま、娘さんは旅立っていったそうです。

３週間の研修期間中、「何か困っていないだろうか」、「持ち物は大丈夫だっただろうか」とハラハラしどおしだったそうです。

でも、そんなお母さんの心配は取り越し苦労。確かに用意し忘れたものもあったようですが、友達に借りたり、現地で買ったりして、大きな問題はなかったそうです。

この話を聞いたとき、娘さんの自立への心にももちろん感心しましたが、それよりもっと感心したのは、お母さんがよく最後まで口出しをせずに娘さんに任せたということでした。簡単なようで、じつはなかなかできないことです。

でも、それが子どもの自立を確かなものにしていくうえで一番大切なことなのです。

バウンダリーの確立が、子どもの「自立」を促す

この時期に重要な問題になってくるものとして、受験があります。

ほとんどの親は、子どもが少しでもいい学校に進むことを望んでいます。そのために、「勉強を頑張ってね。受験合格してね」と子どもを励《はげ》まします。

ですが、「いい学校に進む」という課題は、いったい誰のための課題でしょうか?

「それが結局、あなたの将来のためになるのよ」

親はそう思いますが、これは本当に子どもの将来を思ってのことなのでしょうか。

受験期の子どもを持つ親御さんに相談を受けていて、よく感じるのは子どもを通して自分の思いを実現しようとしている親のエゴです。

親子のバウンダリーがない形で、ずっと依存し合いながら生きてきた親子では、親の思いと子どもの思いが重なり合っている場合が少なくありません。

受験についても、親が「勉強しなさい。いい学校に進みなさい」と言うから、一生

懸命勉強をしているという子どもたちが少なくありません。

しかし、これで本当に子どもの力がついていくのでしょうか？

確かに、それなりの成果はあって、希望の学校に進むことはできるかもしれません。

でも、その先はどうでしょうか？

よくあるパターンですが、希望の学校に進んだとたんに、子どもが勉強への意欲をなくしてしまうということがあります。

希望の学校に進むという目標が実現してしまったために、次に何をしていいかわからなくなってしまうのです。

これでは本当の力がついたことにはなりませんよね。

「なぜ勉強するのか」という動機づけがきちんとしていないと、将来にわたって力を発揮することはできません。

その動機づけの土台になるのが、バウンダリーの確立なのです。

バウンダリーを確立するには、まず親子の「共依存《きょういぞん》」的な関係を整理しておく必要があります。

子ども熱心な母親が陥る「共依存」

親子の間で適切な距離感がないと、なかなか子どもの自立が進みません。

自立が進まなければ、学業も含めた本当の力は伸びません。

子どもが自立の確立に一番大切な時期である中学生・高校生になっても、細かいことまで指図《さしず》する親がいます。

そうですね、たとえば学校から帰ってきたら、

「宿題は、ちゃんとやるのよ」

「明日の持ち物をちゃんとチェックするのよ」

「勉強はしたの？」

「お風呂は入ったの？」

「歯磨きは？」

こんな感じのお母さんはいませんか？　もちろん、友達に少しでも変わった子がい

ると、

「あんまり変な子とつき合わないでね」

とか……。

また、進学などにも本人以上に真剣で、進路をどうするのか、学校はどこを選ぶのか、すべて先回りして決めてしまう親がいます。

こうしたケースは、最初のうちはよくても数年後、あるいはもう少し先になってから親子関係が破綻《はたん》してしまうことが少なくありません。

親子の意識が重なり合った共依存の関係に陥っているからです。

共依存とは、「他者に必要とされることで、自分の存在意義を見出すこと」という心理です。

つまり自己に対する過小評価のために、他の誰かに認められることによってしか自分の存在を認めることができないのです。

そのために他者の好意を得ようとして、自己犠牲的な献身を強迫的に行う傾向のある人のことです。

たとえば親子の場合、しっかりとした自分自身がない状態で子どもの世話を焼くことで「自分は必要とされている人間だ」と安心し、ますますのめりこんでいく状態です。

はた目には、子育てに熱心ないいお母さんというように見えますが、献身的に見えるその姿は、じつのところ、他者の好意を利用して相手をコントロールしようという意識に結びついています。

はっきりと言えば、自分のために子どもを利用している、というのが本当の姿なのです。

こうしたケースでは、子どもも共依存関係にありますから、本当の自分の力を伸ばすことができません。

親子の共依存の原因の一つに、親の夫婦関係がありますが、これはまた後で触れることにします。

母親の不安が、子どもの力を妨《さまた》げる

親が子どもを過剰に束縛《そくばく》する最大の原因は、親自身の不安です。

自分自身や夫に対する不安と同時に、子どもが将来どうなるのかという不安がいっぱいなのです。

「まわりはみんな受験で必死になって勉強しているのに、うちの子はいつまでものんべんだらり。このリストラ時代、できる子だって大変なのに、うちの子みたいにしていたら将来、ホームレスかも？」

そんな不安を口にするお母さんがいます。

「あんな友達と付き合っていて、悪いことをするようになってしまったら、一生取り返しのつかないことになるわ」

そんな取り越し苦労をされるお母さんがいます。

こうした不安は、どこからきているのでしょうか？　心当たりのある方は、よく胸に手を当てて考えてみてください。それって、結局、自分自身への不安なのでしょう。自分自身へのどんな不安でしょうか？

「私は母親として、きちんとすることができているかしら？　○○君のお母さんのように立派になれるかしら？」

そんな不安を抱いている方も、きっといらっしゃるでしょう。

「子どもには偉そうなことを言っているけど、自分にはこれと言って自慢できることは何もないし……」

そんな不安もありますか？

こうした不安は、結局のところ、他人との比較で生じ、自分自身の自信のなさによって拡大していくのです。そして親の不安は子どもに伝わり、子ども自身の不安へと変わっていきます。

この呪縛《じゅばく》を解き放つには、方法は一つ。

良くても悪くても、自分は自分、自分の人生なのだから自分らしく生きよう！

そう開き直ることです。

親自身が「どう生きるか」を見せよう

共依存に陥ったり、子どもの自立を妨げてしまう親には共通点があります。

一つは自分自身に自信がなく、人の人生を自分の人生として生きようとすることです。つまり「自分自身がどう生きるのか？」それが定まらないという点です。

ひと頃、「空《から》の巣《す》症候群《しょうこうぐん》」という言葉が流行語のようになったことがあります。

ずっと世話を焼き続けてきた子どもが独立し、親元を離れたときに、その親が虚脱感に襲われ、一種のうつ状態に陥ってしまうことを言います。

「今まで夫のため、子どものためだけを思って生きてきたから、必要とされなくなってみると、何をどうすればいいのかわからなくなってしまったんです。いったい、自分の人生って、何だったのかしら？」

かつてセラピーで面接した、空の巣症候群の母親の言葉です。

こうした親に育てられた子どもは、自立が不完全なままであることが多く、子ども自身が成人後に心のトラブルに見舞われることが少なくありません。

これまで何度か触れましたが、子どもが自立するためには自信が必要です。自信を得るためには自分を好きになることが大切です。そして子どもが自分を好きになるためには、お母さん自身が自分を好きになる必要があります。

ここでもう一度、そのことを思い出してみましょう。

共依存に陥ったり、子どもの人生を自分の人生と重ねてしまう一番大きな原因は、お母さんが自分を好きではないことでしょう。好きでないから自信がなく、人から頼られることで存在価値を生み出そうとしているのです。

何よりも、まず大切なのは、自分を好きになること!

そうなれば、自分が何をやりたいのか、自分自身の人生をどう生きていくのか、それなりの道筋《みちすじ》が見えてくるし、それに向かって生きていくことができます。

こうして自分の生き方が確立されると、そうそう子どもにのめりこんでいる暇がありません。自然と適正な距離が生まれてきます。

自分は自分、子どもは子ども。当たり前のことを、もう一度思い出しましょう。

夫婦仲が良いと、子どもは伸びる

共依存やバウンダリーで問題のある親は、夫婦関係がうまくいっていないことが少なくありません。

結婚して子どもができると、親子の関係が深まり、夫婦関係は二次的なものになっていくということが、よくありますね。

いろいろな意識調査を見ても、子どもができて、それぞれの相手を「お母さん（ママ）」「お父さん（パパ）」と呼ぶことが多くなるのも、その一つの表れでしょうか。特に日本の家族では、この傾向が強いようです。

子どもができて、夫と妻というより、父親と母親という意識が強くなるというのは、ある意味では自然なことで、必ずしも悪いことではないと思います。ただ、家族全体が、すべて子ども中心に動いていく状態は考えものではないでしょうか。

両親が精一杯、子どもを愛して、大切にするのはいいのですが、家庭という人間関係の形を考えた場合、夫と妻という関係も大切に育んでいってほしいと思うのです。

まず、何よりも子どもは、仲の良いお父さんとお母さんが大好きです。

両親の仲良しオーラは子どもの心を安定させ、「自分はこの家にいていい存在なのだ」と自己肯定感ができます。

しかし、いくら子どもを大切にしていても、夫婦仲が悪いと、子どもは「両親が仲良しじゃないのは、自分のせいだ」と感じ、自分を否定するようになってしまいます。

中学校や高校の思春期で問題になるのは、進学や将来についての父親と母親の意見です。

たとえば、学校や塾で進学相談をすると、よくこんなケースがあるそうです。

母親が、「ぜひ有名私立校に進学を」と言っているのに、父親が「わざわざ私立になんか行く必要はない」と言っているケースです。

つまり父親と母親の会話が少なく、子どもの進路について統一見解が出ないということですが、こうした子どもが受験でうまくいかないのは少なくないのです。

知り合いのお父さんとお母さんで、二人とも子ども大好きで、とても夫婦仲の良い方がいらっしゃいました。

お二人は、いつも子どもが休んでから、一緒に軽くお酒を飲むそうですが、そのときの話題は子どものことばかり。

「子どもの教育のことでけんかになるという話は、よく聞くのですが、うちの場合は逆なんです。うちの子は、優しいところが素敵だね、とか、もしかしたら音楽の天才かもしれない、とか子どものいいところをほめ合っているんですよ。お酒も飲んでいますから、そのうちいい気持ちになって安らかに眠ります。夫婦そろって、ただの親バカですかね？」

そう言って笑うのですが、いえいえ、それどころか子どもにとっては最高の両親ですね。

著者略歴

一九三七年、東京都に生まれる。青山学院大学文学部教育学科卒業。東京教育大学教育相談研究施設、および聖マリアンナ医科大学精神神経科、東京大学附属病院分院神経科にて研究生として心理臨床を学ぶ。一九七八年、東京心理教育研究所を開設。一九九〇年より、自遊空間SEPY（セピィ）を主宰。セラピスト・臨床心理士・芸術療法士としてカウンセリングにあたる。

著書には、ベストセラー『男の子を追いつめるお母さんの口ぐせ』（静山社文庫）、『「男の子」って、どう育てるの？』（PHP研究所）などがある。

伸《の》びる子《こ》・できる子《こ》の親《おや》の日常《にちじょう》

――いつも子《こ》どもは親《おや》を見《み》ている

二〇一二年一一月一〇日　第一刷発行

著者　金盛浦子《かなもりうらこ》

発行者　古屋信吾

発行所　株式会社さくら舎　http://www.sakurasha.com

東京都千代田区富士見一-二-一一　〒一〇二-〇〇七一

電話　営業　〇三-五二一一-六五三三　FAX　〇三-五二一一-六四八一

編集　〇三-五二一一-六四八〇

振替　〇〇一九〇-八-四〇二〇六〇

装丁　アルビレオ

イラスト　佐藤香苗

本文組版　朝日メディアインターナショナル株式会社

印刷　慶昌堂印刷株式会社

製本　大口製本印刷株式会社

©2012 Urako Kanamori Printed in Japan

ISBN978-4-906732-22-7

本書の全部または一部の複写・複製・転訳載および磁気または光記録媒体への入力等を禁じます。これらの許諾については小社までご照会ください。

落丁本・乱丁本は購入書店名を明記のうえ、小社にお送りください。送料は小社負担にてお取り替えいたします。なお、この本の内容についてのお問い合わせは編集部あてにお願いいたします。

定価はカバーに表示してあります。

さくら舎の好評既刊

松田美智子

定番ごはん20セレクション
すごいダンドリ！　1、2、3！

野菜炒めが勝負おかずになる本！　ムダのないダンドリとつくり方「ここが大事」をタネあかし！　手早くおいしくできて、もうびっくり！

1000円

定価は税込（5%）です。定価は変更することがあります。

さくら舎の好評既刊

川崎美恵

10歳からの英語　お母さんの出番です

家庭でできる画期的学習法TEEメソッド

第一歩は日常生活で使う英語から覚える。お母さんの英語でインプット、ネイティブでアウトプット。数多くの小学校で採用の学習法家庭版

1470円

定価は税込(5%)です。定価は変更することがあります。

さくら舎の好評既刊

藤本 靖

「疲れない身体」をいっきに手に入れる本

目・耳・口・鼻の使い方を変えるだけで身体の芯から楽になる!

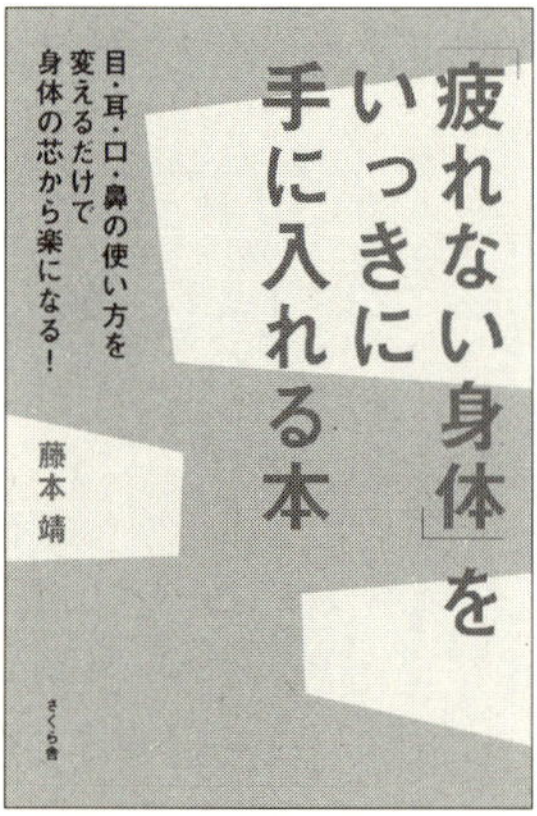

パソコンで疲れる、人に会うのが疲れる、寝ても疲れがとれない…人へ。藤本式シンプルなボディワークで、疲れた身体がたちまちよみがえる!

1470円

定価は税込(5%)です。定価は変更することがあります。